Matthias Morgenroth, Theologe, Germanist, Autor zahlreicher Sach- und Kinderbücher, arbeitet als Redakteur beim Bayerischen Rundfunk.

türlich hat das Göttliche viele Wohnungen, jenseits von Kirchen, Moscheen, Synagogen und Tempeln – und manchmal fühlen wir uns verbunden mit einer ganz bestimmten Landschaft, einem Berg, einem Wald und möchten mitten in der Natur die Schuhe ausziehen, vor Ehrfurcht und Ergriffenheit. Solche Seelenlandschaften finden derzeit viele in Irland oder in Schottland, in Deutschland sind sie von den Nationalsozialisten oft ideologisch missbraucht worden. Doch man kann sie wiederentdecken! Um aus dem assortierenden und rechtwinkligen Kasernendenken der Nazizeit herauszukommen, hatte der Künstler Friedensreich Hundertwasser ganz explizit das Organische, Weiche, Ungerade zum Ausdruck des Göttlichen erklärt – und wollte kleine Paradiese auf Erden schaffen, die sogar bewohnbar sind. Ziehen wir von Zeit zu Zeit die Schuhe aus und schauen, an welche besonderen Orte uns die Füße dann tragen!

Matthias Morgenroth

Seelenlandschaften

Sie erinnern uns daran, dass wir unauflösbar mit der Heiligkeit der Natur verbunden sind

Von Rüdiger Sünner

Meine ersten »Seelenlandschaften« entdeckte ich nicht in meiner Heimat Deutschland, sondern in keltischen Ländern wie Schottland, Irland, Cornwall und Wales. Als ich 1987 das erste Mal durch Schottland fuhr, liefen mir oft Tränen über die Wangen, ohne dass ich wusste, warum. Die grünen Hügel, gälischen Ortsnamen, Burgruinen am Meer und die gewaltigen Steinkreise in einsamen Heidelandschaften lösten starke und auch unbekannte Gefühle in mir aus. Sie erzählten von fernen Zeiten, Mythen und spirituellen Geheimnissen, von denen ich in Deutschland nie etwas gehört hatte. Ich übernachtete im Zelt am Steinkreis von Callanish auf der schottischen Insel Lewis und beobachtete, wie der Regen an den mächtigen Findlingen herunterperlte, die dort von sehr alten Kulturen wie für die Ewigkeit hingestellt worden waren. In Cornwall faszinierte mich die Burgruine von Tintagel, die sich durch die Verbindung mit König Artus in ein Gralsschloss am Meer verwandelte, in dem die Ritter der Tafelrunde ihre abenteuerlichen Fahrten planten. An heiligen Quellen in Irland spürte ich, wie hier seit Urzei-

Rüdiger Sünner ist Filmemacher und Buchautor und lebt in Berlin.
Lesetipp: »Seelenlandschaften: Spirituelle Orte in Deutschland« (Scorpio-Verlag 2025)

Steinkreis von Callanish

ten die belebende Kraft des Wassers verehrt wurde, zuerst von den Kelten und später von Mönchen eines keltischen Christentums, das naturverbundener war als das römisch-katholische.

Sagen und Legenden umspielten diese »heiligen Orte« und lösten spirituelle Gefühle in mir aus, wie ich sie nie zuvor erlebt hatte. Sie reichten weiter zurück als das Christentum, in ferne heidnische Zeiten, in denen noch Naturgeister die Landschaft beseelten und wo man zu vielen Göttern betete. Nie hatte ich in der Schule etwas davon gehört, nichts von Germanen, Kelten, Druiden oder Gralssuchern, nichts von heiligen Quellen, heiligen Hainen oder den Sonnentempeln der Steinzeit. Drei Jahrzehnte pilgerte ich nach Irland und Schottland, zu Fuß, mit dem Auto oder mit dem Fahrrad, und entdeckte immer mehr Orte, die ich wirklich meine »Seelenlandschaften« nennen konnte. Diese Landschaften berührten nicht nur meine Seele, sondern schienen mir selber „beseelt" zu sein: Ich lernte, dass vorchristliche Kulturen die Welt nicht in geistbegabte Subjekte und tote Objekte eingeteilt hatten, sondern allem in der Natur einen Subjektcharakter zusprachen. Die Ethnologie spricht diesbezüglich von »animistischen Weltbildern«, wie man sie heute noch bei indigenen Völkern antrifft, und ich nahm plötzlich wahr, dass auch Europa über viele Jahrtausende solche »indigenen Kulturen« besessen hatte.

Warum hatte ich solche »Seelenlandschaften« nie in Deutschland kennengelernt? Nach und nach erst fielen mir Gründe ein. Zwei mächtige historische Strömungen hatten sich hierzulande wie ein Schatten über heilige Orte der Vorzeit gelegt: die oft gewaltsame Christianisierung des deutschen Kulturraumes und die Germanen-Ideologie des Nationalsozialismus. Über Jahrhunderte hatten christliche Missionare die alten Kultorte zerstört, dämonisiert oder mit Kreuzen, Kirchen und Kapellen überformt, anders als in Irland oder Schottland. Aus megalithischen Andachtsstätten wurden im Raum des heutigen Deutschlands »Teufelssteine«. Heilige Bäume wie die Donar-Eiche der Germanen wurden zumindest der damaligen Propaganda nach einfach gefällt und aus ihrem Holz erste christliche Kapellen gebaut. Die Kirche ertrug es nicht, dass die Menschen seit Jahrhunderten ihre Gebete an Quellen, Bäumen oder eindrucksvoll geformten Felsen verrichtet hatten, Karl der Große erließ sogar Gesetze, wonach solcher »Götzendienst« mit der Todesstrafe geahndet werden solle. Anders die Rassenideologie des Nationalsozialismus, sie erklärte alle besonders geformten Felsen und Dolmen zu »urgermanischen Heiligtümern«, die eine angeblich sehr alte und überlegene deutsche Kulturhöhe bezeugen sollten. Noch heute schwebt ein solcher Missbrauch zum Beispiel über den Externsteinen im Teutoburger Wald, die zu bestimmten Tagen nicht nur Neo-Hippies, Naturmystiker und Neuheiden anziehen, sondern auch völkische und rechtsextreme Gruppierungen, die dort ihre »Andachten« abhalten.

Doch nach vielen Reisen in die keltischen Regionen Großbritanniens, denen meine ersten beiden Filme zum Thema »Seelenlandschaften« gewidmet sind, stieß ich bei Recherchen auch auf eine unerwartete Fülle von »heiligen Stätten« in meiner Heimat, die immer noch von spirituellen Traditionen erzählen. Ich fand solche in Niedersachsen, am Rhein, im Harz, Odenwald, Teutoburger Wald, aber auch in Bayern oder auf der Insel Rügen. Vor allem die vielen Wälder hierzulande können als typische deutsche »Seelenlandschaften« gelten: In ihnen traf ich auf ähnliche steinerne Tempel der Megalithzeit wie in Großbritannien und entdeckte etwa im Odenwald die Ruinen der Wildenburg, wo Wolfram von Eschenbach um 1200 sein berühmtes Versepos Parzival geschrieben hat. Auf einmal hallte auch der deutsche Wald von der Gralssuche eines Helden wider, der sich zu immer neuen Abenteuern führen lässt, die zu seiner spirituellen Reifung beitragen. Auch die Märchen und Sagen der Brüder Grimm tauchten in diesen Wäldern immer wieder auf, mit ihren geheimnisvollen Geschichten, in denen Tiere sprechen können und wo die ganze Umgebung von Naturgeistern erfüllt ist. Schon für die Germanen war der Wald ein heiliger Raum, was ich im Odenwald an der sogenannten Tränkfeldeiche erleben konnte. Ich bestaunte die Reste eines ungeheuren Baumriesen, der wohl früher – wie die Donareiche – ein Naturheiligtum unserer Vorfahren gewesen ist, und verstand sofort, dass nicht nur eine Kirche eine Andachtsstätte sein kann, sondern auch ein Baum, der gleichsam wie eine Weltachse die Sphären des Himmels und der Unterwelt verbindet.

Doch ich traf auch auf christliche Orte, an denen ältere mythologische Vorstellungen weiterleben, was auf mich einen ganz besonderen Reiz ausübte. So besteht der Lichtenklinger Hof im Odenwald aus einer verfallenen Marienkapelle mitten im Wald, neben der ein Brunnen Wasser aus einer alten Quelle hervorfließen lässt, die wohl schon in keltischen Zeiten als »heilig« erachtet wurde. Hier herrscht tatsächlich eine magische Atmosphäre wie an heiligen Quellen in Irland und Wales. Neben der christlichen Kapelle ertönt das liebliche Murmeln des Wassers, das den in den Nischen aufgestellten verwitterten Marienfiguren noch mehr Anmut verleiht.

Doch auch vorchristliche Sagen verliehen diesem Traumort einen ganz speziellen Reiz. Sie erzählen, dass hier manchmal nachts Elfen umherhuschten und dass früher eine »weiße Frau« aus den Ruinen getreten sei, die die kranken Kinder des in der Nähe wohnenden Försters in den Schlaf gesungen habe. Waren dies Erinnerungen an frühere mythologische Gestalten eines Weiblich-Göttlichen, die die Volksfantasie neben der Figur der Maria bewahrt hatte? Durch die Fülle solcher Erzählungen wurde dieser Ort zu einer vielschichtigen Meditationsstätte, an der verschiedene spirituelle Traditionen und intensive Naturimpressionen ineinanderflossen. Die milde Güte der Gottesmutter mit dem Kinde wurde vom Rauschen der Bäume und der Quelle umspielt und ihre Anwesenheit schloss die von Elfen und »weißen Frauen« nicht aus. Hier ereignete sich, was der Dichter Novalis eine »Aussöhnung der heidnischen mit der christlichen Religion« nannte.

Ähnliches erlebte ich auch am Untersberg im Berchtesgadener Land, der ebenfalls von zahllosen Mythen und Sagen umgeben ist. Zu »spirituellen Orten« werden bestimmte Plätze in der Natur vor allem dann, wenn sie unsere Einbildungskraft besonders stimulieren und wenn wir in ihnen mehr sehen als bloße materielle Objekte. So hatte ich auch beim Untersberg das Gefühl, dass er nicht nur als mächtige Gesteinsformation wahrgenommen wird, sondern als eine Art »Persönlichkeit«, die Gefühle von Bewunderung, aber auch Respekt und Bedrohung auslöst. Die vielen Madonnenschreine, Kreuze und Kapellen, die an seinem Fuße gruppiert sind, wirkten manchmal wie christliche Heilssymbole, die die Menschen vor den immer noch vorhandenen Bergdämonen und Riesen schützen sollten. Ein Bergrücken mit dem Namen Schlafende Hexe erinnerte daran, dass der Volksmund hier im Berg noch ältere heidnische Wesenheiten schlummern sah, die von der Christianisierung nicht ganz domestiziert werden konnten. Ähnliches erzählten Sagen von Wanderern, die nachts an hell erleuchteten Bergkirchen vorbeikamen, in denen zu ungewohnter Stunde schwarz gekleidete »Untersbergmanderl« einen fremdartigen Gesang anstimmten. In unterirdischen Gängen sollen diese Naturgeister aus den zahlreichen Höhlen des Gebirges in diese Kirchen gelangt sein, um dort ihre eigenen Messen zu feiern. Vermutlich wollen diese Sagen darauf hinweisen, dass durch die Christianisierung die alten naturreligiösen Vorstellungen nicht einfach verschwunden sind, sondern weiter in der Imagination der Bevölkerung lebendig sind. Man könnte auch sagen: Der Berg wollte seine mythischen Wesen bewahren, obwohl auf ihm – wie ein Siegeszeichen – ein Gipfelkreuz errichtet worden war. Spirituell berührend war auch die Grasslhöhle am Untersberg, in der Menschen bis heute Kerzen anzünden und durch Farbe rotgetönte Handabdrücke an den Wänden hinterlassen, wie es schon die Menschen der Altsteinzeit getan haben. Hier fühlte ich mich wie im Bauch der Erde: Die Grotte, an deren Wänden sanfte Wasserrinnsale hinabflossen, verwandelte sich zu einem Andachtsort, und die Kerzenflamme mutete an wie ein Lebensfunke im Inneren des Berges, der so zu einem lebendigen Organismus wurde.

Externsteine im Teutoburger Wald

Solche Seelenlandschaften bezeugen, dass auch bei uns schon vor Jahrtausenden Vorstellungen von Naturspiritualität und Schamanismus verbreitet waren, die von der Höhlenkunst der Eiszeit über die Sonnentempel der Megalithiker und die keltisch-germanische Mythologie bis zum pantheistischen Weltbild der deutschen Romantik reichten. Diese spirituellen Orte brachten mich mit älteren naturreligiösen Vorstellungen zusammen, die noch keine so scharfe

Die Ruinen der Wildenburg im Odenwald

Tränkfeldeiche im Odenwald

Subjekt-Objekt-Trennung kannten wie unser modernes Weltverständnis. Auch in der vorchristlichen Glaubenswelt Mitteleuropas herrschte noch ein mystisches Einheitsgefühl mit der Natur, in der alles als »beseelt« angesehen wurde. Man stand in intimen Beziehungen nicht nur mit Menschen, Tieren und Pflanzen, sondern auch mit Felsen, Bergen und Gewässern, an denen man Opfergaben für dort angenommene Naturgeister deponierte. Und noch heute wird dies getan: an zahlreichen heiligen Quellen, Felsen und Höhlen in Deutschland fanden wir solche Dankesopfer, die dort wohl von neopaganen und naturreligiösen Menschen hinterlegt worden waren.

Die Wiederentdeckung dieser älteren Weltbilder beschenkte mich also nicht nur mit Erlebnissen von Schönheit und Magie, sondern erinnerte auch daran, dass wir in Zeiten ökologischer Krisen wieder dringend Impulse aus einer solchen pantheistischen Naturerfahrung brauchen. Wissenschaft allein scheint uns nicht herauszuhelfen aus den Zerstörungen, die wir in der Umwelt und in unserer Atmosphäre anrichten. Wir müssen auch wieder gefühlsmäßig die »Heiligkeit« der Natur erleben, um zu verstehen, dass wir nur ein Teil von ihr sind, der unauflösbar mit den Tieren, Pflanzen, Elementen und der Erde verbunden ist. Auch unsere heimischen »Seelenlandschaften« können uns daran erinnern und uns so wertvolle Anregungen für einen fürsorglicheren Umgang mit der nicht menschlichen Welt geben. ◆

Rom stöhnt

Doch es gibt auch in all dem Trubel bewegende spirituelle Momente im heiligen Jahr

Von Antje Dechert

Der Zudrang muss beispiellos gewesen sein. »Rom bot Tag und Nacht das Schauspiel von heergleich hereinströmenden oder herausziehenden Pilgern dar«, schreibt der Historiker Ferdinand Gregorovius Mitte des 19. Jahrhunderts über das erste heilige Jahr der Geschichte im Jahr 1300. Und ein Chronist, der sich damals selbst unter die Wallfahrer gemischt hat, berichtet: »Die Römer wollen im Ganzen zwei Millionen an Frauen und Männern gezählt haben. Oft sah ich Männer wie Weiber unter die Füße getreten und mit Mühe entkam ich selbst einige Male dieser Gefahr.«

725 Jahre später läuft man als Rompilger im heiligen Jahr wohl eher Gefahr, unter die Räder als unter die Füße zu kommen. Und eins gehört offenbar schon immer dazu – die Menschenschwärme, die übervolle Stadt, oder neudeutsch: der Overtourism. Auf rund 32 Millionen Pilger hat sich die Stadt Rom im heiligen Jahr 2025 eingestellt, zusätzlich zu den Millionen Touristen, die ohnehin jedes Jahr kommen. Rom stöhnt – wie andere Metropolen oder Pilgerhotspots auch – schon ohne heiliges Jahr unter dem Massentourismus. Die Stadtverwaltung denkt schon länger über eine Gebühr für den Zugang zum Trevibrunnen nach, das Pantheon kostet inzwischen Eintritt. Und wer im

Morgengrauen mal an der Piazza Campo dei Fiori vorbeikommt, dem Platz in der Altstadt, wo die Statue des als Ketzer verbrannten Giordano Bruno steht, der kann sich ein Bild davon machen, welche Wunder die Mitarbeiterinnen und Mitarbeiter der städtischen Straßenreinigung hier jeden Morgen vollbringen. Und vielleicht blickt der eine oder die andere von ihnen dabei genauso grimmig Richtung Vatikan wie die Statue von Giordano Bruno.

Denn da, im Vatikan, wurde vor über 700 Jahren das heilige Jahr erfunden, von Papst Bonifatius VIII. im Jahr 1300. Er griff die Endzeitstimmung um die Jahrhundertwende auf und versprach allen Pilgern, die im heiligen Jahr die Basiliken der Apostel Petrus und Paulus in Rom besuchen, den vollkommenen Ablass der zeitlichen Sündenstrafen. Und ganz nebenbei wollte er so auch den weltlichen Herrschern seiner Zeit noch einmal die ganze Heilsmacht der Kirche demonstrieren. Das Giubileo wurde ein Erfolg und zunächst alle 50, dann alle 33, schließlich alle 25 Jahre gefeiert – bis heute.

Ob Santiago oder Himalaja, Venedig oder Amsterdam: Viele Pilgerstätten und Metropolen ächzen seit Jahren unter dem Overtourism und haben inzwischen auch Maßnahmen ergriffen, um des Massenansturms Herr zu werden. Aber wie heilig kann es sich dort, an all den überlaufenen Pilgerstätten, noch anfühlen?

Die Römerinnen und Römer haben sich mit dem Ansturm arrangiert. Das Jubeljahr bringt schließlich Geld in die Stadt. Die historische Altstadt wird jedes Mal renoviert und herausgeputzt. Aber warum tut man sich das als Pilger an, ausgerechnet im heiligen Jahr nach Rom zu reisen?

Antworten auf diese Fragen findet man auf der Piazza Pia vor der Engelsburg unweit des Petersdoms. »Wir sind im heiligen Jahr hier, weil wir 25 Jahre verheiratet sind und an unserer Silberhochzeit etwas ganz Besonderes machen wollten«, erzählt ein Ehepaar aus der Nähe von Aschaffenburg. Dass das Besondere verloren geht, etwa, wenn man sich im Pulk durch die heilige Pforte schiebt, befürchten sie nicht. »Irgendwo wird jeder etwas Spirituelles finden, in einem Heiligen.« Das hoffen auch viele der anderen Pilger hier, die sich gerade mit ihren Reisegruppen für den Weg zur heiligen Pforte angemeldet haben, im sogenannten Jubiläumsbüro. Das sind drei weiße Container, die auf der Piazza Pia stehen. Da können Pilger einen Zeitslot für den Pilgerweg zur Porta Santa buchen und dann, ohne lang anzustehen, zur heiligen Pforte gehen. Zwei Spanierinnen um die 20 brechen gerade auf. »Es sind schon sehr viele Menschen hier«, sagt die eine, »aber ich hoffe, dass ich das ausblenden kann, wenn wir gleich durch die Pforte gehen.« Die Studentinnen machen eigentlich gerade Sightseeing mit Freunden in Rom. »Aber«, sagt die andere der beiden, »wir wollen unbedingt die Gelegenheit nutzen, durch die heilige Pforte zu gehen, um den vollkommenen Ablass zu erhalten, auch für unsere Verstorbenen. Damit sie in den Himmel kommen, ins Paradies.«

Millionen von Menschen sind durch die heilige Pforte hindurchgegangen, um Kraft und Erlösung zu finden

Die Tiberinsel galt schon immer als ein Ort der Heilung

Wer jetzt denkt, die Sache mit dem Ablass, das ist doch eine kirchenpolitische Erfindung des Mittelalters, die theologisch längst überholt ist, hat recht. Das sieht die katholische Kirche spätestens seit dem Zweiten Vatikanischen Konzil eigentlich auch so. Selbst ein als konservativ bekannter Kirchenmann wie der ehemalige Regensburger Bischof Kardinal Gerhard Ludwig Müller gibt in dieser Hinsicht Martin Luther recht, der schon in der Reformation der Meinung war: Gottes Gnade kann man sich nicht erkaufen.

Trotzdem: Bei den Rom-Wallfahrern scheint die Idee des vollkommenen Ablasses immer noch eine Rolle zu spielen. »Ich war auch sehr überrascht, dass diese Idee für viele nach wie vor sehr wichtig ist«, sagt Pfarrer Christian Böck. Er ist Direktor des deutschsprachigen Pilgerzentrums in Rom, das sich nur wenige Gehminuten von der Piazza Pia am anderen Tiberufer in der Via del

Antje Dechert ist freie Journalistin in München und als Reporterin, Redakteurin und Moderatorin beim Bayerischen Rundfunk tätig.

Banco di Santo Spirito befindet. Der Ablass, erklärt Christian Böck, werde inzwischen aber anders interpretiert. Dahinter verberge sich ein spirituelles Konzept, meint er, das auch in anderen religiösen Traditionen zu finden sei, etwa im Konzept des »Karmas« der hinduistischen oder buddhistischen Spiritualität. »Jeder von uns weiß, wenn ich etwas Böses tue, da gibt es Folgen dieses Bösen, irgendetwas Negatives bleibt.« So sei das aber auch beim Guten, erklärt Böck weiter. »Also die Heiligen, vor allem Maria und Jesus Christus selbst, haben so viel Gutes getan und das bleibt auch irgendwo.« Dieses angesammelte Gute, meint Pfarrer Böck, nenne die Kirche ihren Gnadenschatz. Und von dem wolle sie, jetzt mal ganz vereinfacht gesagt, allen etwas abgeben, die reumütig sind und guten Willens nach Rom pilgern. Das alles sei natürlich eine sehr mittelalterliche Spiritualität, aber vielen Menschen helfe das heute noch.

In Rom gibt es viele Orte, die einem dabei helfen, sich auf das Wesentliche zu konzentrieren, nicht nur im heiligen Jahr«, sagt eine, die Rom ihre zweite Heimat nennt. Corinna Mühlstedt pendelt als Journalistin zwischen München und Rom hin und her und hat zum heiligen Jahr ein Buch über Kraftorte in Rom geschrieben, in dem sie spirituelle Streifzüge durch die ewige Stadt unternimmt, zu berühmten Kirchen wie den eher verborgenen Kraftorten.

»Rom hat zwei Seiten«, sagt Corinna Mühlstedt. »Rom ist im Laufe all der Jahre, in denen ich es kenne, immer chaotischer geworden, immer schmutziger, immer lauter.« Auf der anderen Seite biete die Stadt trotz Lärm und Overtourism viele Orte, die dabei helfen würden, zur Ruhe zu kommen. »Da spürt man dann ein klein bisschen von dem, was man vielleicht ›Wehen des Geistes‹ nennen kann.« Diese spirituelle Seite der Stadt, erzählt sie, wolle sie anderen näherbringen, zusammen mit Notker Wolf. Der frühere Abtprimas der Benediktiner ist Koautor des Buches und nur wenige Monate vor Erscheinen verstorben. »Abt Notker und ich, wir dachten, es ist vielleicht wirklich wichtig, diesen Menschen zu helfen, hier Orte zu finden, an denen sie etwas Tieferes finden können für ihren Glauben.«

FOTO: ANTJE DECHERT

Die Journalistin Corinna Mühlstedt hat zum heiligen Jahr ein Buch über Kraftorte in Rom geschrieben

Ein solcher Ort ist für Corinna Mühlstedt und war für Abt Notker Wolf die Tiberinsel. Die kleine Insel liegt mitten im Fluss zwischen dem jüdischen Viertel und Trastevere. Sie ist bekannt für das Krankenhaus, das sich auf ihr befindet. Und für die Kirche San Bartolomeo gegenüber. »Wenn ich auf dieser Insel sitze, die auch ein Ort der Pause für viele Römer ist, spüre ich, der Ort hat eine Ausstrahlung. Da ist etwas, was einfach guttut.« Ruhe, keine Autos, kein Chaos – das ist das eine. Das andere sei die Geschichte des Ortes, meint Corinna Mühlstedt. Die Tiberinsel sei schon immer ein Ort der Heilung gewesen, erzählt sie. In der Antike verehrten die Römer hier Äskulap, den Gott der Heilkunst. Später, im Mittelalter, baute der Orden der Barmherzigen Brüder hier sein Krankenhaus. Gegenüber wurde die Kirche San Bartolomeo errichtet. Bis heute stehe der Ort für Mitmenschlichkeit – auch weil seine Geschichte eng verwoben ist mit einem eher düsteren Kapitel der Geschichte Roms. Zur Zeit der Besetzung Roms durch die deutschen Truppen, 1943, gab es einen grausigen Überfall auf das jüdische Viertel. Am Morgen des 16. Oktobers wurden ungefähr 1000 Juden verhaftet und in die Konzentrationslager nördlich der Alpen deportiert. »Doch circa 50 Menschen wurden gerettet, weil sie hier Zuflucht fanden, auf der Tiberinsel«, erzählt Corinna Mühlstedt, »in den Kellern der kleinen Kirche und im Krankenhaus der Barmherzigen Brüder.«

Deshalb ist San Bartolomeo heute ein Ort, an dem der Märtyrer des 20. und 21. Jahrhunderts gedacht wird: Maximilian Kolbe und Paul Schneider zum Beispiel, ein katholischer und ein evangelischer Pfarrer, die beide in der NS-Zeit in Konzentrationslagern ermordet wurden. Oder des französischen Ordensmanns Frère Christian de Chergé, der sich im Algerienkrieg für muslimische Mitbürger einsetzte und ermordet wurde. »Die Tiberinsel ist auch in dem Sinn ein Ort der Heilung«, sagt Corinna Mühlstedt, »weil Feindschaften überwunden wurden und Vergebung praktiziert wird. Und wenn man weiß, wie vielen Menschen hier das Leben gerettet wurde, dann macht das für mich einen Kraftort aus.«

Auch die heilige Pforte ist ein Kraftort, den Corinna Mühlstedt in ihrem Buch beschreibt. Seitdem die Pforte für das heilige Jahr 1500 in die Fassade der Petersbasilika eingelassen wurde, sind Millionen von Menschen hindurchgegangen, sicher auch mit dem Wunsch, dabei Kraft und so etwas wie Erlösung zu finden. Und das spüre man eben, berichtet eine Pilgerin aus Bayern, die gerade aus dem Petersdom kommt. »Es war wirklich ein ganz bewegender Moment, einfach ergreifend.«

Es gibt sie also auch in all dem Trubel, diese tiefen, bewegenden, spirituellen Momente im heiligen Jahr in Rom. Nicht jeder findet sie unbedingt beim Gang durch die heilige Pforte und nicht unbedingt nur in den Monumenten des Christentums. Wie schrieb Ferdinand Gregorovius, der Historiker aus dem 19. Jahrhundert, über die Wallfahrer im Jahr 1300? »Wenn sie ihren religiösen Trieben genug getan hatten, warfen diese Pilger staunend ihre Blicke auf die Monumente der Alten. Das antike Rom, welches sie mit ihrem Mirabilienbuch durchwanderten, übte dann seinen tiefen Zauber auf sie aus.« ◆

Mein heiliger Ort

Geiselwind

FOTO: IMAGO STOCK&PEOPLE

Von Uwe Birnstein

Es ist 20 Jahre her. Pause auf der Raststätte an der A3, »Geiselwind«, ein riesiger Autohof, Trucker, Fastfood, Hotel. Am Rande ein eigentümlicher Kirchturm. Mich zog es hin und ich fand mich in einer kleinen Kirche wieder. Ziemlich kitschig, aber beherzt. Ein großes rotes Bild, ein kunstvoll geschwungener Holzaltar, ein schlichtes Kreuz mit einer gläsernen Scheibe, frische Blumen. Kerzen brennen. Leise Meditationsmusik im Hintergrund. Unfassbar: mitten im Rasthofgewusel dieser Ort der Stille.

Ich bin ziemlich viel mit dem Auto unterwegs. An dieser Kirche fahre ich nie vorbei. Die Besuche sind zum Ritual geworden. Ich gehe hinein, zünde eine Kerze für meine Lieben an, bete, setz mich dann und kann wundervoll zur Ruhe kommen. Neulich kam eine graue Katze herein und schmiegte sich an mich. Unfassbar. Inzwischen kennt sie mich glaub' ich schon. ◆

Uwe Birnstein ist Theologe und Journalist, er lebt in München.

Zieh die Schuhe

Über die Anmut, barfüßig zu glauben

Von Ahmad Milad Karimi

Manchmal beginnt das Heilige damit, dass man etwas loslässt. Nicht dass man etwas tut, etwas sagt, etwas opfert, sondern dass man innehält. Die Schwelle zum Heiligen ist dann kein Ort der Tat, sondern der Entblößung, der Echtheit, der Berührung. Kein Schrein, sondern ein Spalt in der Welt, durch den etwas anderes hereinleuchtet. Vielleicht ist deshalb das Erste, was man an vielen heiligen Orten tut: die Schuhe ausziehen. Bevor man eintritt, lässt man das hinter sich, was einen bisher getragen hat – im wörtlichen Sinn. Man stellt ab, was einen über den Asphalt des Alltags trug. Die Sohlen bleiben zurück. Die Füße werden spürbar.

Das Gebet im Islam ist keine bloß rationale Handlung, kein kognitiver Vollzug. Es ist leiblich, ganzheitlich, umgreifend. Der ganze Mensch richtet sich auf Gott aus – mit seinem Körper, seinem Atem, seinem Schweigen. Es wird auf einem Tuch gebetet, auf einem Teppich, der zum Boden der Andacht wird. Wie Mose einst seine Schuhe auszog, als er dem Ewigen im brennenden Dornbusch begegnete, so legen auch Muslime ihre Schuhe ab. Sie be-

FOTO: DANIEL BISKUP

Ahmad Milad Karimi, geboren in Afghanistan, aufgewachsen in Darmstadt, ist ein deutscher Religionsphilosoph und Islamwissenschaftler. Er ist Professor für Islamische Philosophie und stellvertretender geschäftsführender Direktor des Zentrums für Islamische Theologie Münster.

FOTO: FREEPIK/HALAYALEX

treten den Ort des Gebets nicht geschützt, sondern offen. Ihre Füße berühren den Boden. Und der Boden, den sie betreten, wird ein anderer: nicht mehr nur Erde, sondern ein geweihter Ort. Eine Moschee im ursprünglichen Sinn – eine Stätte der Niederwerfung. Der einfache Boden wird heilig, nicht durch das Material, sondern durch die Haltung derer, die sich auf ihm verneigen. Denn der Ewige offenbart nicht sich selbst, sondern die Erde – und durch sie das Maß, vor dem sich alles beugt.

Wenn die Füße den Boden berühren, dann berührt der Mensch die Welt nicht als Besitzer, sondern als Bittender. Die Erde wird nicht betreten, sondern empfangen. So wie Mose barfuß stand, so steht der Mensch im Gebet – nackt an den Füßen, aufgerichtet in der Seele. Und wenn er spricht, dann spricht er mit den Worten des Korans. Mal leise, mal laut, doch immer in Achtsamkeit. Er steht. Er verbeugt sich. Er wirft sich nieder. Hier berührt er mit der Stirn den Boden. Er verwelkt und erwacht in derselben Geste.

Vielleicht ist jeder Ort, an dem man barfuß geht, ein heiliger Ort – nicht weil der Ort sich ändert, sondern weil man selbst sich anders dazu verhält

FOTO: PICTURE ALLIANCE/ZUMAPRESS.COM

In Moscheen ist das selbstverständlich. Niemand würde den Gebetsraum betreten, ohne die Schuhe abzulegen. Es ist kein Ritual, das man hinterfragt. Und doch: Gerade, weil es so selbstverständlich geworden ist, bemerken wir kaum noch, was es bedeutet. Dieses einfache, unaufgeregte, intime Tun. Man bückt sich. Man greift nach den eigenen Füßen. Man zeigt sich verletzlich. Man legt ab, was zwischen einem selbst und dem Grund liegt.

Ich erinnere mich, wie ich als Kind zum ersten Mal in Begleitung meines Vaters in eine Moschee ging. Es war eine kleine Moschee in der Altstadt. Drinnen roch es nach Teppich und Sandelholz. Ich wusste nicht viel über Gott. Aber ich wusste, dass ich die Schuhe ausziehen musste. Und als ich es tat, war da ein unerklärliches Gefühl: Ich war anders da. Als wäre ich weniger Besucher, mehr Teil der Moschee. Als würde ich nicht einfach hineingehen, sondern hineintreten, nicht in einen Raum, sondern in eine Beziehung.

Barfuß wird der Schritt vorsichtiger. Jeder Zentimeter spürbarer. Man wird langsam, achtsam. Der Boden verliert seine Selbstverständlichkeit, seine Unberührtheit, denn mit Schuhen, mit Sandalen bleiben wir betäubt gegenüber der Erde, auf der wir laufen, auf einer Erde, die uns trägt. Und man selbst verliert die feste Rolle, mit der man sonst durch die Welt schreitet. Barfuß zu sein ist eine Entmächtigung, aber gerade darin liegt eine Würde, die nichts auf sich hält und doch alles trägt. Was aber wäre, wenn man diesen Moment nicht nur in der Moschee hätte?

»Heilige Orte« gibt es viele. Manche sind gebaut, manche geschehen zwischen uns oder in uns. Manche sind alt, andere entstehen erst durch das Gehen selbst. Vielleicht ist jeder Ort, an dem man barfuß geht, ein heiliger Ort – nicht weil der Ort sich ändert, sondern weil man selbst sich anders dazu verhält. Ein Wald kann heilig werden, ein Ufer, ein Raum der Stille. Manchmal genügt es, die Schuhe auszuziehen, damit man beginnt zu hören. Hören mit der Haut.

Barfuß im Gebet zu stehen bindet mich intensiver an die Erde, vielleicht weil ich mich danach sehne, ganz da zu sein. Barfuß zu beten heißt nicht, besser zu beten. Es heißt nur: näher zu sein. Dem eigenen Körper, der eigenen Leiblichkeit, der eigenen Verletzlichkeit, den eigenen Fragen. Man trägt nichts zwischen sich und der Welt. Der Schritt wird ein Zeugnis.

Und vielleicht ist es genau das, was das Heilige verlangt: keine Opfer, keine Gebote, keine Erklärungen, sondern eine Geste, die sagt: Ich bin bereit, ohne Schutz zu stehen. Ich bin bereit, dass der Boden mich berührt.

Denn der Glaube ist nicht abstrakt. Er ist leiblich. Er beginnt mit einem Körper, der sich beugt, mit einem Atem, der innehält, mit einer Haut, die berührt wird. Das Barfuß-Sein ist kein symbolischer Akt, sondern eine Rückbindung an die eigene Leiblichkeit – an das, was wir sind, bevor wir denken. Es erinnert uns daran, dass wir keine Ideen sind, sondern leibliche Wesen, durchlässig, zerbrechlich, offen für das, was uns umgibt. Wer die Schuhe auszieht, zieht nicht nur ein Kleidungsstück aus, sondern legt auch ein Stück Distanz ab: zwischen sich und dem Grund, zwischen sich und dem anderen, zwischen sich und dem Göttlichen.

Wenn die Füße den Boden berühren, dann berührt der Mensch die Welt nicht als Besitzer, sondern als Bittender. Die Erde wird nicht betreten, sondern empfangen

Barfuß zu glauben heißt: mit Haut und Sinn zu glauben. Der Boden wird nicht länger als Untergrund erfahren, sondern als Gegenwart. Der Körper nicht als Werkzeug, sondern als Ort der Offenbarung. Und vielleicht liegt genau darin die Kraft des Barfuß-Seins, dass es uns an uns selbst erinnert, aber nicht als Selbstbehauptung, sondern als Selbstentblößung.

»Zieh deine Schuhe aus, du stehst auf heiligem Boden«, heißt es im Buch Exodus, als Mose dem brennenden Dornbusch begegnet. Es ist kein Befehl im üblichen Sinn. Es ist eine Öffnung. Eine Anrede, die zeigt: Der Boden ist nicht einfach Boden. Und du bist nicht einfach jemand, der dasteht. Wenn Gott sich zeigt, zeigt sich auch die Erde neu. Und wenn der Mensch das erkennt, öffnet er sich einer neuen Beziehung, zu Gott, zur Erde und zu sich selbst.

FOTO: FREEPIK/EYEEM

Die Schuhe auszuziehen bedeutet aber auch, Machtverhältnisse hinter sich zu lassen. Schuhe sind nicht nur Schutz, sie sind auch Status. Sie trennen den Menschen vom Boden, aber oft auch voneinander. Wer teure Schuhe trägt, trägt sie selten ohne Stolz. Wer keine Schuhe hat, erlebt eine andere Art von Sichtbarkeit. Das Ausziehen der Schuhe ist deshalb nicht nur spirituell; es ist auch sozial. Es nivelliert. In der Moschee stehen alle gleich auf dem Teppich. Es zählt nicht, was man trägt, sondern dass man steht.

Barfuß-Sein entmachtet uns sanft. Es nimmt uns die Pose. Es gibt uns eine andere Haltung, nicht höher, sondern näher. Vielleicht ist das der Grund, warum das Heilige immer mit einem Schritt beginnt, der aufhört, sich über andere zu erheben. Wer barfuß ist, kann sich nicht brüsten. Wer barfuß geht, spürt den Staub – nicht von oben, sondern von innen.

Es ist eine Demut, die nicht devot ist, sondern wach. Eine Demut, die nicht klein macht, sondern öffnet. Eine Demut, die weiß: Ich bin kein Herr über das, was heilig ist; ich bin nur jemand, der es empfangen darf. Vielleicht müssen wir wieder lernen, barfuß zu sein. Nicht nur im Tempel, in der Moschee, sondern auch im Leben. Nicht nur aus Respekt, sondern aus Erkenntnis.

Ich wünschte, wir würden öfter barfuß gehen. Nicht als Pflichtübung, nicht als Geste der Reinheit oder als folkloristisches Spiel, sondern als ein stilles Zeichen dafür, dass wir nicht alles wissen, nicht alles kontrollieren, nicht alles absichern müssen, dass da etwas ist, das uns vorausgeht. Etwas, das uns trägt. Etwas, vor dem man sich nicht erhebt, sondern beugt.

Vielleicht wäre es ein Anfang, barfuß in die Kirche zu gehen. Barfuß durch ein Museum. Barfuß über einen Friedhof. Vielleicht wäre es ein Zeichen dafür, dass wir bereit sind, den Ort anders zu sehen – als Ort, an dem etwas Größeres geschieht als das, was wir tun.

Das Ausziehen der Schuhe ist kein Selbstzweck. Es ist eine Geste der Beziehung. Es zeigt: Ich nehme ernst, wo ich bin. Ich nehme ernst, wer ich bin. Ich nehme ernst, dass ich mich nicht selbst gemacht habe.

Und vielleicht ist genau das der Anfang aller Spiritualität: nicht dass wir etwas sehen, sondern dass wir uns entblößen. Nicht dass wir etwas verstehen, sondern dass wir etwas spüren. Und dass wir nicht länger darüber hinweggehen, sondern uns berühren lassen. Denn was ist Spiritualität, wenn nicht Widerstand gegen das, was uns verhärtet? Gegen das Unrecht, das uns gleichgültig macht? Gegen eine Welt, in der der Boden nichts mehr bedeutet? Barfuß zu sein heißt, Nein zu sagen – zu jener Sicherheit, die auf Kosten der anderen geht, zu jener Macht, die sich vor dem Staub fürchtet. Barfuß zu glauben heißt, sich dem auszusetzen, was weh tut, und darin aufzustehen für das, was heiligt. Es ist die einfachste aller Gesten. Und vielleicht die radikalste. ◆

Mein heiliger Ort

Der Mensch!

FOTO: PA/AKG-IMAGES

Von Doris Weber

Ein Mensch. Ich wagte nicht, ihm ins Gesicht zu sehen. Vor vielen Jahren sprach ich mit ihm, einem älteren Mann, aufgewachsen als Sohn jüdischer Eltern in einer norddeutschen Kleinstadt. Sie lebten dort seit Generationen – eingebettet in eine freundliche Nachbarschaft. Eltern, Großeltern. Enkelkinder und Kinder. Sie spielten miteinander. Tanzten auf Festen miteinander. Halfen sich in Notzeiten. Es war ein schönes Leben. Und dann kamen die Nazis. Das Lächeln auf den Gesichtern der Nachbarn erfror. Die Köpfe drehten sich zur Seite. »Wir nannten sie als Kinder Onkel und Tante«, erzählte mir der alte Mann, »und nun sahen sie uns an wie Fremde.« Als die Mutter den jüngsten Bruder spazieren fuhr, kamen sie und kippten den Kinderwagen um, das Baby fiel schreiend auf die Straße. »Wir waren doch Nachbarn.« Hier waren sie zu Hause. Kinder, Eltern, Großeltern. Jahrzehntelang geborgen und geachtet in dieser Straßengemeinschaft. Sie wohnten in Einfamilienhäusern mit blühenden Gärten. Eines Abends schlugen sie an die Tür, brachen das Schloss auf und zerstörten ihr Leben: »Wir haben gehört, ihr habt schöne Dinge.« Sie nahmen das Porzellan und das silberne Besteck. »Eure Möbel holen wir, wenn ihr fort seid«, sagten sie. Der alte Mann weinte bitterlich – denn kurze Zeit später waren alle fort. Er allein kehrte zurück. Verstummt im Schmerz.

Ein Mensch. In dunkler stiller Nacht. Seit Ende der 1980er-Jahre wäscht er die Steine auf dem Platz vor der Albertina, im Herzen von Wien. Alfred Hrdlicka schuf dieses Mahnmal gegen Krieg und Faschismus. Die monumentalen Stelen aus gequälten Menschenleibern und ein am Boden kniender steinerner Jude. Es ist ein Mensch, der da einsam auf dem Pflaster kauert. Später wurde er mit Stacheldraht umhüllt, weil die Touristen sich auf seinem Rücken niederließen, um sich auszuruhen und ihren Proviant zu verzehren. Für Alfred Hrdlicka ist diese Figur »das Symbol des Ausgeliefertseins.« Erniedrigt und entwürdigt. Verhöhnt und verspottet. »Der straßenwaschende Jude soll die Wiener an das erinnern, was sie selbst einst angestellt haben«, sagt Alfred Hrdlicka. Es gab viel Protest und Wut gegen den Künstler. Das Mahnmal musste unter Polizeischutz aufgestellt werden. In einem Interview erzählte mir Hrdlicka, dass die Leute auf der Straße ihn lange Zeit beschimpft, bedroht und angespuckt haben.

In seinem Buch »Ist das ein Mensch?« beschreibt Primo Levi seine Zeit vom Februar 1944 bis Januar 1945 im Konzentrationslager Auschwitz. »Mein Name ist 174 517; wir wurden getauft, wir werden das Zeichen auf unserem linken Arm eintätowiert tragen, solange wir leben (…) Unauslöschlicher als die Tätowierung auf dem Unterarm ist den Überlebenden die Erinnerung an die Zeit, in der sie keine Menschen waren, ins Gedächtnis eingebrannt.«

Meine Familie mütterlicherseits lebt in Österreich. Immer, wenn ich zu Besuch in Wien bin, gehe ich zum Albertinaplatz. Dann stehe ich vor ihm. Schweigend. Er sieht mich an. Der straßenwaschende Jude. Ein Mensch! Es ist ein heiliger Ort. ◆

Doris Weber ist Chefredakteurin von Publik-Forum EXTRA. Sie lebt in Bremen.

Was eine Kirche zur

Pater Georg Siomos in der griechisch-orthodoxen Allerheiligenkirche in München

Von Uwe Birnstein

Kirche«? Als Kind war das für mich die Kirche um die Ecke. Die evangelische Friedenskirche im Bremer Steintorviertel. Die stand da seit fast hundert Jahren. Da hatten meine Großeltern und meine Eltern geheiratet, meine Mutter und meine Schwester wurden dort getauft, dann auch ich. Ein roter Backsteinbau mit spitzem Kirchturm, wie sich's gehört. Innen schlicht: Orgel, Altar, Kanzel, Taufbecken. Viel Holz, viel weiße Wand. Später merkte ich: Für Katholiken oder Orthodoxe wäre dieser Raum keine Kirche. Denen fehlt was. »Kirche« – das kommt aus dem Griechischen und bedeutet »dem Herrn gehörendes Haus«. Eine Kirche ist also ein Gotteshaus. Nur – es gibt trotzdem unterschiedliche Wege, damit es wirklich eins wird. Welche es sind, das ist mir immer noch nicht ganz klar.

Meine erste Station: Die griechisch-orthodoxe Allerheiligenkirche liegt an der Ungererstraße in München-Schwabing. Von außen wirkt sie überraschend modern – ein schlichter Bau aus den 1990er-Jahren mit hellem Putz und einem hohen Turm, den eine kleine Kuppel krönt.

Gemeinsam mit Pater Georg Siomos trete ich durch die Eingangstür. Als Protestant bin ich solche Pracht nicht gewohnt – überall funkeln von Blattgold umrahmte Ikonen. Doch ich stelle fest: Trotz des Goldes herrscht hier eine große Klarheit. Nichts wirkt überladen oder chaotisch. Alles hat seinen Platz, folgt einer strengen Ordnung. Pater Georg empfängt mich unter dem »Heiligenhimmel« – einem großen Kranz mit Heiligenbildern, der das Kirchenschiff überspannt. »Schauen Sie nach oben«, bittet mich der Priester. Hoch oben in der Kuppel sehe ich Christus. »Am höchsten Punkt Jesus, der alles erhält, der Pantokrator. Darunter die Engel, die Propheten und Gerechten. Und dann, stufenweise, die Heiligen an den Wänden.« Eine himmlische Hierarchie, die sich bis hinunter in die Gemeinde fortsetzt. Diese Gestaltung lasse die Gläubigen sich »zwischen den Heiligen« einreihen. Es entstehe »eine wunderbare göttliche Inszenierung«, erklärt Siomos. Im hinteren Kirchenschiff fallen mir zwei große Glaskästen auf. »Darin brennen bei Gottesdiensten Hunderte Kerzen«, erklärt er. Das warme Licht, der Duft von Weihrauch, das Gold – hier wird der Glaube zu einem Fest aller Sinne.

Beim Blick zum Altar sehe ich die Ikonostase, eine mit Ikonen geschmückte Wand mit drei Türen. Sie trennt das Kirchenschiff vom Altarraum. In fast jeder orthodoxen Kirche sei diese Ikonenwand zu finden, erklärt mir Siomos. Zwingend nötig sei sie jedoch nicht. In einigen antiken Kirchen gebe es stattdessen nur eine niedrige Abtrennung. »Die Kirche ist nicht heilig, weil da schöne Bilder oder besonders viel Gold drin sind«, stellt Siomos klar. Ihre Heiligkeit entstehe durch die Weihe, durch die »den Gegenständen ihr besonderer Sinn gegeben« wird. Dabei geht es nicht um irgendetwas Magisches wie bei Harry Potter, erklärt der Pater; durch die Weihe wird einem Gegenstand eine neue, göttliche Bedeutung gegeben. Doch was macht eine orthodoxe Kirche aus? Siomos' Antwort überrascht mich: »Für die Feier der göttlichen Eucharistie braucht man recht wenig. Man braucht keine vier Wände, man braucht auch keine Reliquien im Altar.« In seiner Antwort zeigt sich die Essenz orthodoxer Theologie: Das Herz der Kirche ist die Eucharistie, »der sakra-

Kirche macht

Drei Wege zum Gotteshaus

Kirchenrektor Martin Stark in der Michaelskirche München

Pastorin Maike Bierman in der St.-Materniani-Kirche in Ostfriesland

mentale Leib Christi« – also die Gemeinde, die im Abendmahl mit Christus verbunden ist. Dazu braucht es nicht unbedingt eine Kirche, Eucharistie kann auch in privaten Räumen gefeiert werden. Wichtig ist, dass der Priester geweihte und dadurch heilige Gegenstände dabeihat. Der ideale Raum für einen orthodoxen Gottesdienst bleibt jedoch die Kirche. Denn hier ist vieles geweiht: der Altar, in den Reliquien eingearbeitet sind, die Ikonen, der Kelch. Pater Georg führt mich aus der heiligen Kirche hinaus. Schon stehe ich wieder ganz im Weltlichen, zwischen Autos und tristen Versicherungshäusern – und weiß endlich, an was für einem spirituellen Goldschatz ich oft vorbeifahre.

Kaufhof, H&M, Bierkeller und dazwischen eine große Kirchenfront, mitten in der Münchner Fußgängerzone. Ich trete durch eine der Türen und bin überwältigt von der barocken Pracht. Hier in der Michaelskirche erscheint alles monumental – von den Riesenleuchtern bis zum Hochaltar. Das Gold wirkt anders als in der orthodoxen Kirche: nicht mystisch-transparent, sondern demonstrativ. Das Hochaltarbild zeige den Erzengel Michael, darüber Christus und unten »die Feier der irdischen Liturgie am Altar«, erzählt Kirchenrektor Martin Stark, mit dem ich hier verabredet bin: »In unserer Kirche muss alles sehr groß sein, damit es auch von den Hintenstehenden wahrgenommen werden kann.« Was eine Kirche aus katholischer Sicht von anderen Gebäuden unterscheide, möchte ich von ihm wissen. Natürlich seien es nicht das Gold und die prunkvollen Verzierungen, erfahre ich. Es sei vor allem die von einem Bischof vorgenommene Kirchweihe. Denn dadurch werde das Kirchengebäude sozusagen zum »entweltlichten«, zum Gott geweihten Ort. Auch »der Tabernakel gehört unbedingt dazu«, betont Stark. Der barocke Tabernakel in St. Michael steht im Hochaltar. Die gesamte Kirche sei »so gebaut, dass er das Zentrum ist, auf das alles zuläuft«, erklärt mir der Pater. Ein Tabernakel dient der Aufbewahrung der geweihten Hostien, in denen Gläubige das Allerheiligste, den Leib Christi, sehen.

Welche Rolle denn die Altarreliquien spielen, frage ich weiter. Sie seien wichtig, aber »ob sie unbedingt notwendig sind, da bin ich mir nicht mehr so sicher«, überlegt Martin und führt mich an den Altar. Auf der Rückseite erkenne ich: Hier wurden Überreste von Heiligen in den Altar eingemauert. Danach wurde er geweiht. In neueren Kirchen ist dies nicht mehr zwingend vorgeschrieben; letztlich kommt es auf die Weihe an. »Kirchen werden errichtet mit dem Patronat eines Heiligen«, erklärt der Pater. Das zeige: »Wir stehen auf dem Fundament des Glaubens anderer Menschen.« Vielen Gläubigen seien die Reliquien inzwischen aber »eher fremd«. Die Reliquiare mit ihren goldenen Fassungen würden heute meist eher »wie ein Kunstgegenstand« betrachtet. Mein Blick schweift durchs Kirchenschiff – und findet kein Taufbecken. »Das steht hinterm Altar«, lacht Pater Stark. Da St. Michaelis nicht die Kirche einer Kirchengemeinde, sondern der Jesuiten in München ist, wird das Taufbecken selten gebraucht. An der Seite, über den Kirchenbänken, ragt eine goldverzierte Kanzel in den Raum: ein Hinweis auf die jesuitische Geschichte der Kirche. »Die Jesuiten haben das Anliegen der Reformation aufgegriffen und vor und nach ihren Gottesdiensten das Wort Gottes in der Volkssprache ausgelegt«, erzählt Stark. St. Michael habe »die erste Kanzel in München überhaupt« besessen – ein Zeichen dafür, wie die Jesuiten die Predigt »professionalisiert« hätten. Das freut mich als Protestant – die Reformation hat also auch in katholischen Kirchen Spuren hinterlassen.

Dann ein starker Kontrast. Nicht in München, in Oldenburg – und dann noch weiter gen Küste: Ostfriesland. Die St.-Materniani-Kirche steht seit rund 800 Jahren auf der Kirchwarft des Dorfes Ochtersum. Daneben der frei stehende Glockenturm, seit Jahren neigt er sich immer mehr zur Seite. Pastorin Maike Biermann schließt mir die schwere Holztür mit einem großen Schlüssel auf. Ich betrete das Innere. Hier ist kein Gold. Der Raum strahlt bodenständige Ruhe und norddeutsche schlichte Eleganz aus, die den Blick aufs Wesentliche lenken, viele Blautöne, das passt zum nahen Meer. In den mächtigen Kirchenmauern sind die Umbauten der letzten Jahrhunderte zu erkennen. Auch die Lettnermauer, die einst die Gemeinde vom Altarraum trennte, wurde inzwischen abgetragen – heute erinnert nur noch ein meterhoher Sockel daran. »Ich fände gut, wenn auch der noch wegkäme«, wünscht sich Pastorin Biermann, »diese Trennung widerspricht meinem Gottesdienstverständnis.« Die Theologin führt mich durchs Kirchenschiff. Was eine evangelische Kirche ausmache? »Die Gemeinde«, antwortet Biermann. Und architektonisch? »Die Kanzel, das Taufbecken und der Altar. Sie spiegeln die Kernelemente evangelischen Glaubens wider: Wort, Taufe und Abendmahl.« Und das gehe auf den Reformator Martin Luther zurück. Der meinte, ein Gebäude werde zur Kirche, wenn Christen darin zusammenkommen, »beten, Predigt hören und Sakramente empfangen«. Eine Weihe brauchen evangelische Kirchen dafür nicht. Sie werden stattdessen »gewidmet«, also offiziell zum Gebrauch als Gottesdienstraum bestimmt.

In Ochtersum zeigen sich diese reformatorischen Prinzipien besonders deutlich. Die zentrale Position der Kanzel rückt die Predigt in den Mittelpunkt. Predigen heißt für Protestanten vor allem: über das sprechen, was in der Bibel steht. Davon soll sich die Gemeinde nicht ablenken lassen. Der alte Taufstein ruht auf von der Zeit sehr mitgenommenen Löwenfiguren mit drohend geöffneten Mäulern. Sie stellen das Teuflische dar, das durch die Taufe überwunden wird. Die Taufe ist nach evangelischem Verständnis auch ein Sakrament, das alle Christen gleichmacht – unabhängig von Stand oder Herkunft. Der Altar wirkt ebenfalls schlicht: Eine schwere Sandsteinplatte ruht auf einem mächtigen Steinsockel. Die bebilderten Altarflügel zeigen Begebenheiten aus dem Leben Jesu. Sie illustrieren die biblische Botschaft, ohne sie zu überstrahlen. Reliquien? »Gibt's hier nicht!«, sagt Pastorin Biermann und lacht. Einen besonderen Platz nimmt die Orgel ein. Nach Renovierungen in den 1960er-Jahren errichtete sie der berühmte Orgelbauer Hinrich Klausing auf einer eigens dafür errichteten Empore. Im evangelischen Gottesdienst spielt die Orgel eine herausragende Rolle. Nach dem Läuten der Glocken beginnt der Gottesdienst mit dem Orgelvorspiel. Dann werden die Kirchenlieder von der Orgel begleitet – zum Lob Gottes durch das hier versammelte Volk, das die Kirche erst zur Kirche macht.

Am Ende meiner Reise besuche ich noch mal meine Bremer Heimatkirche. Einiges hat sich getan in meinem Leben. Vor einigen Jahren stand dort der Sarg meines Vaters, wir verabschiedeten ihn in einem bewegenden Trauergottesdienst. Nun betrete ich die Kirche und staune: Sie wurde umgebaut. Die Altarstufen gibt es nicht mehr, der gesamte Kirchenraum ist ebenerdig. Die Kanzel wurde entfernt. Anstelle des steinernen Altars steht nun ein hölzerner Altartisch auf Rollen. Auch das Taufbecken ist mobil. So steht nichts mehr im Weg, wenn viele Menschen feiern wollen. Auch die Kirchenbänke stehen nicht mehr unverrückbar Reih in Reih, sondern können verschoben werden. Die Wände strahlen in hellem Weiß, die Kirchenfenster werfen bunte Punkte auf den Boden. Einige sehen auch aus wie Gold. ◆

FOTO: JÖRG SARBACH

Die evangelische Friedenskirche in Bremen

Mein heiliger Ort

Die Stille im Trubel der Großstadt

FOTO: PA/IMAGEBROKER

Von Lothar Bauerochse

Ein Dienstagnachmittag in der Frankfurter Innenstadt. Die Zeil, Deutschlands geschäftigste Einkaufsmeile. Die erste hochsommerliche Sonne scheint, Tausende Schritte tippeln übers Pflaster, manche eilig, manche schlendernd. »We love Summer«, plakatiert das Großkaufhaus. Ein großgewachsener Mann mit Schirmmütze läuft vor dem Schaufenster auf und ab und präsentiert ein Schild: »Jesus rettet«. Hinter ihm ein anderer mit einem Strauß glitzernder Luftballons am Fadenbündel. Zwei Anhänger asiatischer Weisheiten im ausgeblichenen orangen Gewand versuchen, mir ihre Schriften anzudrehen. Ein junger Mann hat sich eine Eselsmaske aus Gummi übergezogen, kauert auf einem umgedrehten Plastikeimer, hat ein paar kleine Trommeln und Klangschalen vor sich aufgestellt, sich selbst einen großen orangen Ohrenschützer aufgesetzt und beschallt den ganzen Platz mit monotonen Klängen und Schlägen. Drei Asiaten filmen ihn erstaunt-amüsiert mit ihren Handykameras. Eine junge Mutter hat Mühe, ihren kleinen Sohn von der Szene wegzuzerren.

Großstadtalltag. Rechts abbiegen auf die Liebfrauenstraße. Nach ein paar Metern links ein kleiner verwinkelter Durchgang. Ein Innenhof an der Nordseite der Liebfrauenkirche. Schattig. Still. Vögel zwitschern. Eine andere Welt. »Welcome to a moment of silence«, haben die Kapuziner außen in feiner Schrift für die internationalen Gäste an die Wand geschrieben. Und Tausende kommen. Täglich. Vor der Marienfigur ein Meer von Kerzen. Fast 2000 Lichter werden hier täglich entzündet. Von Menschen aus allen Ländern, gläubig oder suchend, alt und jung. Viele kommen wieder. Immer wieder. Sie lassen sich umfangen von der Magie dieses Ortes. Sie kommen mit ihren Sorgen, murmeln sie leise über die kaum bewegten Lippen. Eine Frau hat die Einkaufstüte der Modekette abgestellt und legt einen Strauß Blumen ab zu Füßen der imposanten Marienfigur. Einen Augenblick nur da sein, nichts müssen. Ein Mann im schwarzen T-Shirt steht unruhig vor dem Kerzenmeer, murmelt etwas vor sich hin. Wie er sich umwendet und hinauswill, fragt er mich nach einer Kleinigkeit, um sich was zu essen zu kaufen. »Gott liebt euch alle«, hat jemand mit Bleistift auf das karierte Papier des ausliegenden Ringbuchs geschrieben. Herzchen dahinter. In diesem Hof darf man auch weinen. Und niemand muss mit seinen Lebensfragen allein bleiben. Die Brüder der Kapuziner und Hunderte Ehrenamtliche kümmern sich um diesen besonderen Flecken Frankfurt. Menschen kommen hierher, um Mut zu schöpfen, Ruhe zu finden. Diese Ruhe nehmen sie im Inneren wieder mit hinaus. »Das lässt den Trubel draußen für eine Weile abtropfen wie eine Schutzweste«, sagt einer. ◆

Lothar Bauerochse ist evangelischer Theologe und Journalist. Er arbeitet in der Religionsredaktion des Hessischen Rundfunks und lebt in Heidelberg.

Die endgültige Geborgenheit

Wir sehnen uns nach einem Ort, an dem wir so gesichert sind, als hätten wir das Licht der Welt noch gar nicht erblickt. Ein Gespräch mit dem Theologen Eugen Drewermann

Blick von der Beatushöhle über den Thunersee

Von Klaus Hofmeister

Herr Drewermann, wenn man sich die heiligen Orte der Religionen durch die Menschheitsgeschichte anschaut, dann kann man ja schon zu dem Ergebnis kommen: Die Götter wechseln, die Plätze bleiben. Immer wieder zieht es Menschen an bestimmte Orte, an Quellen, Steine, auf Gipfel und in Höhlen, ganz unabhängig davon, welchem Gott oder welchen Göttern sie dort begegnen wollen. Auch hier, wo wir uns unterhalten, in der Bischofsstadt Paderborn, gibt es einen Dom, der, wie man sagt, auf den 80 Quellen der Pader ruht. Was zieht die Menschen eigentlich immer wieder an diese besonderen Plätze?

Eugen Drewermann: Die Religion arbeitet mit Symbolen, die Jahrhunderttausende alt sind und in der Geschichte der Menschheit schon deshalb eine ganz große Rolle spielen, weil sie tief zurückreichen in die Evolution des Lebens selbst. Wenn wir sprechen von Bäumen, Höhlen, Meer, Wolken, Sonne, Tag und Nacht, Mond, reden wir, ohne das weiter zu reflektieren, schon die Sprache der Dichter. All diese Worte bedeuten uns gefühlsmäßig sehr viel, weil unsere Vorfahren in der Geschichte des Lebens erlebt haben, wie wichtig Wasser ist, wie bedeutsam Geborgenheit in Höhlen ist oder in Rückzugsräumen, die geschützt sind, Nester auf Bäumen. Wie wichtig es ist, einen Standort zu finden, der vor Angreifern, die aus der Steppe, aus der Ebene kommen, relativen Schutz bietet. Die gesamte äußere Welt hat über viele Hunderte von Millionen Jahren der Geschichte des Bewusstseins auf dieser Erde etwas zu sagen gehabt, das dem Überleben diente.

Wie werden diese Schutzorte, diese Überlebensorte, nun zu religiösen Orten?

Eugen Drewermann: Wir Menschen sind die erste Spezies des Lebens, die an die Welt Fragen richtet, auf welche die Welt nicht antworten kann. Wir wissen nicht nur, dass wir ständig bedroht sind, wir wissen zugleich, dass wir so oft fliehen können, wie wir wollen. Irgendwann wird der Kondor niederstoßen, und es gibt kein Entrinnen. Und das ist das Problem der Religion. Sie nimmt uralte Schutzräume, die in der Realität einmal Zonen der Geborgenheit waren, und verbindet sie mit einer Frage, die wir Menschen im Großhirn stellen. Sie erinnert zurück an die Zonen, die real Gefahren und Angst vor bestimmten Bedrohungen sichern konnten, und entwirft nun ein Netz von Antworten jenseits dieser Welt. Dann kann eine Höhle sich mit einem Mal verwandeln in eine eiszeitliche, steinzeitliche Kathedrale, so wie die alten Höhlen von Altamira, von Lascaux mit ihren Malereien, fünfzehntausend, zwanzigtausend Jahre alt. Und die heutigen Kathedralen sind im Grunde solche Höhlennachbildungen, ebenfalls mit Bildern ausgekleidet, inwendig sehr dunkel im Ursprung. Zugleich nehmen sie die Sehnsucht nach Höhe auf. Irgendwann ist die Ordnung allein nach oben und unten für uns verbunden mit seelischen Erfahrungsräumen. Tief unten ist das Magmamaterial, aus dem die Vulkane ihre Gefahr hervorbrodeln. Wo Neues entsteht, wo chaotische, unkontrollierte Prozesse ablaufen. Dahinein verlegen wir unsere Tiefenwelt der Seele. Erfahrungsräume, die wir bis zum Höllischen dämonisiert haben, während wir uns nach oben sehnen wie ein kleines Kind nach den Händen seiner Mutter. Wenn wir aufblicken möchten nach etwas, das uns Schutz bietet. Da ist der Himmel. Da ist die endgültige Geborgenheit. Man könnte psychologisch sagen: Alle heiligen Räume sind so viel wie ein Mutterschoß. Nach dem wir uns sehnen! Nach einem Ort, an dem wir so gesichert sind, als wenn wir das Licht der Welt noch gar nicht erblickt hätten. Nur wir suchen nach rückwärts, um nach vorwärts besser springen zu können. Wir möchten eine Sicherheit hinter aller Welt. Und wir erinnern uns an Bilder vor aller Welt.

Sind das also Erfahrungen, die menschheitlich möglich sind, Grunderfahrungen, die ihre Kraft im Angesicht von solchen Orten bis heute nicht verloren haben?

Eugen Drewermann: Ganz sicher. Wir würden nicht Quellen, Wasser, bestimmte Spalten im Gebirge als etwas Heiliges finden, wenn wir nicht eine Evolutionsgeschichte des Lebens auf diesem Planeten hätten, die im Wasser begonnen hat. Und die Natur hat über viele Hunderte von Jahrmillionen gar nicht anders gekonnt, als dass sie die Bedingungen des Urmeeres nachgebildet hat. Ob im Amniotenei, dann der Fruchthöhle eines Säugetiers: Es ging der Weg aufs Land eigentlich nur, indem er das Wasser aus dem Urmeer mitgenommen hat und alle seelische Erinnerung behält an diesen Ort. Man geht am Strand des Meeres spazieren und hat das Gefühl der Unendlichkeit. Man entdeckt, wie klein man ist im Meer des Lebens, im Strom der Zeit. Und das sind nicht nur romantische ozeanische Gefühle. Es ist wirklich plötzlich die Sehnsucht nach etwas Unendlichem an diesem Uferrand. In vielen Religionen gibt es die Vorstellung, man müsste den ganzen Ozean durchmessen, um am anderen Ufer, wo die Sterne aufgehen, die Lagerfeuer derer zu besuchen, die uns schon vorangegangen sind. In dieser Welt dort gibt es keine Trennung zwischen Leben und Tod, sondern nur eine Gemeinsamkeit des Gefühls, der Liebe, der Zusammengehörigkeit. Und da ist die dichteste Einheit immer wieder die

Eugen Drewermann ist Theologe, Psychoanalytiker und Schriftsteller. Er lebt in Paderborn.

Zeit vor der Geburt des Lebens, individuell, bevor man in die Welt gesetzt wurde durch den Vorgang der Geburt, und für die ganze Menschheit dementsprechend mit der Sehnsucht verknüpft, die aus der Zeit vor jetzt 390 Millionen Jahren noch mal zurück möchte in einen Raum, der geschützt ist, wie es das Urmeer war.

Glauben Sie, dass Gott, sagen wir in einem Dom, auf einem Berggipfel, für gläubige Menschen wirksamer, spürbarer ist als anderswo?

Eugen Drewermann: Wir spüren vieles. Jemand, der einen Berg besteigt wie den Sinai und denkt dabei an Moses und hat die Wolken ziemlich nah und die ganze Erde wie einen Sandkasten bis zum Horn von Afrika vor seinen Augen, der wird, wenn er religiös erzogen wurde, vor dem Hintergrund der Bibel alle möglichen dichten Erfahrungen machen. Aber es sind im Prinzip keine anderen, als die er machen könnte, wenn er still bei sich im Kämmerlein säße und würde nach innen schauen. Das Problem all dieser Verbindungen nach draußen ist, dass wir das eigene Erleben sehen, wie wenn es lokalisierbar, materialisierbar wäre. Aber Gott ist nicht in Raum und Zeit dingfest zu machen. Es ist auch abergläubisch zu denken, er ist an dieser Bergkette näher den Menschen als an einer anderen. Oder man müsste nach Lourdes fahren, damit man dort der Muttergottes begegnet. Alles, was uns begegnet aus dem Raum des Göttlichen, ist als erstes eingebunden in die Sprache unserer Seele. Ob das die Muttergottes ist, der Erzengel Michael oder sonst wer, ob in Medjugorje oder in Lourdes. Als erstes begegnet ein Mensch sich selbst, dem, was er als Mädchen, als Frau sein könnte oder als Mann oder Junge sein möchte. Das, vor allem, wenn es abgespalten ist, kann ihm wie eine Botschaft zuteilwerden, die er integrieren sollte. Und wenn er das tut, ist er dem Göttlichen sehr nahe. Wenn er aber denkt, er muss um die ganze Erde laufen, dann wird er merken, dass er sehr weit kommen kann. Nur kommt er niemals bei sich selber an.

Es genügt ja nicht, dass man irgendeinen Berg erklimmt. Viel wichtiger ist, sich im Alltag zu fragen: Wie gehe ich mit Menschen um? Wie gehe ich mit mir selber um?

Müssen wir heute unsere Wahrnehmung wieder schärfen, um etwa die Aura von Landschaften, von Orten wieder besser wahrnehmen zu können? Haben wir die Fähigkeit, in Beziehung zu treten, verloren?

Eugen Drewermann: Das ist ganz ohne Zweifel der Fall. Wir haben uns von der Natur, die uns umgibt, auf eine fast schlimme Weise entfernt. Geahnt hat das die Romantik um 1820 schon sehr deutlich, was passiert durch die Mechanisierung des öffentlichen Lebens, durch die Seelenlosigkeit und die Verwüstung, die innerlich wie äußerlich angerichtet wird, ehe wir von Kraftzentren, von Höhlen oder Gebirgen sprechen. Lassen Sie uns einfach sagen, wie gefühllos wir dem Leben an unserer Seite gegenübertreten. Tiere zu quälen in der Massentierhaltung scheint uns das simple Recht auf dem Markt zu sein. Die Verbindung zu Tieren, die uns anschauen mit den Augen fühlender Wesen, scheint uns kaum etwas zu bedeuten. So weit sind wir fremd von den Gefühlen der Verbundenheit, des Mitleids, des Einklangs mit uns selbst, mit den Lebewesen, aus deren Geschichte unsere eigenen Gefühle entstanden sind. Desgleichen, dass wir jederzeit bereit sind, den Meistbietenden ein Gebirge, einen Berg, einen Meeresarm, einen Teil eines Urwaldes zu verhökern, wenn er da irgendein Touristenzentrum bauen will. Wir haben keinerlei Skrupel, die Natur zum Ausverkauf zu erklären.

Wo gibt es eine Lösung für diesen Prozess der Entfremdung?

Eugen Drewermann: Die Lösung kann nur sein, dass wir zunächst einmal alles, was wir draußen suchen, als Teil der inneren Erfahrung verstehen. Einen Berg zu besteigen ist seelisch ein Vorgang, sich unabhängig zu machen von den Niederungen des Lebens, frei zu werden von den Bestimmungen, die horizontal, erstickend und erdrückend sind. Das ist die Faszination einer Bergbesteigung. Aber da genügt es ja nicht, dass man irgendeinen Berg erklimmt oder womöglich sich irgendeiner teuren Touristen-Abenteuerveranstaltung anschließt. Viel wichtiger ist, diese Dinge im Alltag zu tun und sich zu fragen: Wie gehe ich mit Menschen um? Wie gehe ich mit mir selber um? Wie lasse ich mir den Umgang mit Zeit diktieren? Wie viel Sensibilität habe ich für Leben, das in jeder Form uns umgibt? Und was sollte für heilig gelten?

Wenn alle »heiligen« Orte vor allem seelische Prozesse widerspiegeln: Gibt es dann für Sie überhaupt »heilige« Orte?

Eugen Drewermann: Mein Plädoyer wäre, wir würden Orte bilden, die wir uns weigern zu besuchen, weil sie heilig sind in dem Sinn, dass jede Annäherung einen Tabubereich zerstört. Dazu gehört in meinen Augen die Serengeti. Dazu gehören die tropischen Regenwälder, die Polarmeere und die Eiskappen der Antarktis und Arktis. Da gibt es Zonen, die sollten wir dem Menschen entziehen, weil sie heilig sind. Nehmen Sie ein kleines Beispiel: den Amazonas-Urwald. Diese Natur hat Gott – für religiöse Ohren – in 60 Millionen Jahren seit der letzten Kreidezeit erstellt. Er hat nicht damit gerechnet, denke ich, dass wir in ganzen 60 Jahren mit der Motorsäge alles das zerstört bekommen. Aber das ist das Faktum. Würde jemand sagen, wir legen eine Autobahn durch das überlastete Straßennetz in Rom quer durch den Vatikan, gäbe es sofort bei der UNESCO einen Schrei der Empörung über den Kulturfrevel. Der Amazonas-Urwald ist Gott wahrscheinlich heiliger als der Petersdom. Der Urwald hat nicht so viel an Zerrissenheit und Seelenqual und menschliches Leid angerichtet bei seinem Bau. Er ist heilig, und er ist eines der wenigen Dinge, die der liebe Gott allein gemacht hat. Diese Orte sollten heilig sein. Und dann sollten wir uns fragen, was wir in der Kultur so schützen können, dass Kultur und Natur in Einklang kommen. ◆

Das Gespräch wurde 1997 geführt und von Eugen Drewermann aktuell durchgesehen.

Mein heiliger Ort

Der Eingang zur Anderswelt

FOTO: GETTY IMAGES/BARBARA NEAL

Von Matthias Morgenroth

Da wächst ein Hügel aus der grünen Ebene, auf dem Hügel ein Turm. Wir waren schon zwei Wochen an der südenglischen Küste wandern gewesen, als wir nach Glastonbury kamen, diesem kleinen Städtchen mitten in der ehemals sumpfigen, jetzt sehr grünen Ebene von Somerset. Aus der Wildnis in eine touristisch-esoterische Betriebsamkeit, ein kleiner Schock. Bändchen werden angeboten, Segenswünsche, Local Ale auch. Glastonbury ist berühmt für sein Sommerfestival mit unendlich vielen Zelten und Leuten. Glastonbury hat auch eine alte Geschichte, ein verfallenes Kloster zeugt davon. Doch das alles ist nichts gegen diesen grünen Hügel mit Turm, weithin zu sehen. »Tor« heißt ein solcher Berg, ein altes Wort, ein keltisches Wort, aber ein Tor im deutschen Sinn des Wortes ist auch der Turm oben auf dem Gipfel selbst. Er ist ein Überbleibsel der St. Michael's Church aus dem 14. Jahrhundert, doch führt das Tor im Turm längst nicht mehr in ein Kirchenschiff hinein, sondern nur wieder auf die Hügelkuppe hinaus. Ein magisches Bild.

Wir wandern den Weg hinauf, der sich wie eine Schnecke um den grünen Hügel windet. Vieles spricht dafür, dass dieser Ort das Avalon der Artussage ist. Manche, die kommen, sind wegen der noch älteren keltischen Überlieferung hier. Das Tor – der Berg – sei der Eingang zum Land der Feen, zur Anderswelt, sagt man, »Glasinsel« wurde er genannt. »I can feel something«, ruft eine Frau neben uns. Eigenartige Erwartung in der Luft. Die Quelle auf halbem Wege ist mit bunten Bändchen geschmückt, Zeichen einer sehr individuellen Verehrung, die man wahrscheinlich »neopagan« oder einfach »esoterisch« nennen würde. Ich bin mir nicht sicher, ob die Worte es treffen.

Wir sind auch nicht deswegen gekommen, wir wollen nur mal schauen. Dann endlich stehen wir oben, auf dem Gipfel, am Turm. Rundumsicht weit über das südenglische Flickenteppichwiesenland, es ist still. Einmal durchs Turmtor auf diesem »Tor« gehen, sich zumindest vorstellen, dies sei der Eingang zu der Anderswelt. Kühle im Schatten der Mauer, dann wieder Licht auf der anderen Seite. Dort ist auch wieder nur Welt, Grün, Landschaft. Noch mal durchgehen. Passiert was? Mir ist es sehr eindrücklich geblieben: Wir gehen durchs Tor, den Eingang zur »Anderswelt«, wir kommen – wie auch anders – in derselben Welt wieder an; aber vielleicht ist sie doch eine andere geworden, weil wir sie anders ansehen, voller Erwartung. ◆

Hundertwassers Paradies

Heilig ist für ihn, was ungeordnet und natürlich ist

Friedensreich Hundertwasser 1998 vor seiner Berghütte in Neuseeland

Von Irene Esmann

Unheiliges hat Friedensreich Hundertwasser schon als Teenager erfahren, im Nationalsozialismus. Und er hat sich und anderen – womöglich aus dieser Erfahrung heraus – Gegenorte geschaffen. Solche, die lebendig machen sollen. Denn, so sagt der Ausnahmekünstler immer wieder: Die gerade Linie tötet. Das Organische macht lebendig.

Irene Esmann arbeitet als Journalistin und Moderatorin beim Bayerischen Rundfunk und lebt mit ihrer Familie in München.

Friedensreich Hundertwasser wird als Friedrich Stowasser 1928 in Wien geboren. Der katholisch getaufte Sohn einer jüdischen Mutter wächst ohne Vater auf – in einer Zeit, in der sich der Nationalsozialismus rasant verbreitet und das menschenverachtende Gedankengut tief in die Gesellschaft eindringt.

Als Friedrich zehn Jahre alt ist, wird Österreich Nazideutschland angeschlossen. Der Junge und seine Mutter Elsa müssen umziehen in den Bezirk Leopoldstadt. Den haben die Nationalsozialisten zum jüdischen Getto erklärt. Fortan leben Friedrich, seine Mutter und weitere Verwandte in der Oberen Donaustraße. »In einem kleinen Zimmer in dieser Wohnung verbrachten wir den ganzen Krieg«, erinnert sich Hundertwasser später, das Hundertwasser-Archiv in Wien hat seine

Erinnerungen gesammelt und aufbereitet. Er spricht von »unerträglichen Schikanen«. Immer wieder drohen Teile der Familie abgeholt zu werden. Häufig seien »uniformierte SS-Leute, gegen zwei Uhr früh, zu uns nach Hause« gekommen. Sie »verlangten, dass alle Juden die Wohnung räumen mussten, in einer Stunde würden wir geholt«.

Zum Schutz seiner Familie tritt Friedrich – im Nazisprech ein »Mischling ersten Grades« – der Hitlerjugend bei. »Immer, wenn es nachts läutete, legte ich in Blitzeseile Hakenkreuz, Binde und Kapperl an und öffnete den furchterregenden SS-Männern die Tür. Dabei hielt ich ihnen eine Schachtel mit den Tapferkeitsmedaillen meines Vaters und dem Eisernen Kreuz meines Onkels aus dem Ersten Weltkrieg entgegen. Auf diese Weise konnte ich die Deportation meiner Großmutter und meiner Tante um ein Jahr verzögern«, so Hundertwasser 1990 in einem Interview mit dem österreichischen Autor Georg Markus. »Die Perversion des Ganzen« sei ihm erst viel später bewusst geworden: »Während meine Mutter mit dem Judenstern einkaufen ging, lief ich mit dem Hakenkreuz durch die Gegend.« Aber, so der Künstler: »Wenn der Normalzustand zur Perversion wird, ist das Perverse normal.« >

Hundertwasserhaus in Wien

Diese »perverse Normalität« greift Hundertwasser in seiner Kunst auf. Bis in die 1960er-Jahre malt Hundertwasser auch Bilder, in denen er das Leben und den Tod unter dem NS-Regime sichtbar macht. Es sind Bilder, die Enge ausstrahlen mit Häusern, umschlossen von hohen spitzen Zäunen – aus denen es kein Entrinnen gibt. Mit blutroten Tropfen, die als Bluttränen gelesen werden, Gemäldenamen wie »Judenhaus in Österreich« aus dem Jahr 1962: Hundertwasser verarbeitete seine Jugend in der Leopoldstadt mit der »Angst vor der Deportation« in seinem Werk, ist sich Joachim Hahn sicher. Der evangelische Theologe gilt als Kenner des Judentums in Süddeutschland und hat sich intensiv mit der jüdischen Herkunft Hundertwassers beschäftigt.

Ab Ende der 1940er-Jahre unternimmt Friedrich Stowasser viele Reisen – zunächst nach Italien, wo ihn die sakrale Kunst Giottos beeindruckt. In Florenz lernt er René Bro kennen – dem er 1950 nach Paris folgt. Und zwar fortan als Friedensreich Hundertwasser – genauer: als Friedensreich Hundertwasser Regentag Dunkelbunt. Paris in den 1950er-Jahren ist der Ort des künstlerischen Diskurses, eine Stadt, in der sich Künstler aneinander reiben, was denn nun eigentlich Kunst überhaupt sei. Eine Stadt, in der Neues entsteht.

Aus dieser Energie entwickelt Hundertwasser seine eigene künstlerische Philosophie. Dabei begreift er das Tun des Künstlers als eine »spirituelle Tätigkeit, eine schamanische Handlung, eine Konversation mit dem Kosmos – mit der Natur«, erklärt die Leiterin des Hundertwasserarchivs in Wien, Andrea Fürst. Der Mensch könne Gott ähnlich sein, indem er seine Schöpfungskraft auslebe. Hundertwasser selbst nennt das die »Theorie des Transautomatismus«. Diese Theorie schließt den Betrachter der Kunstwerke mit ein, der, frei von Bildtiteln, frei von vorgegebenen Interpretationen, in die Kommunikation mit einem Kunstwerk gehen solle. Was in diesem Moment im Auge, im Kopf des Betrachters entstehe – auch das sei eine Art Schöpfungsakt.

Gleichwohl war Hundertwasser selbst nicht frei davon, seine zentralen Gedanken, die seine Kunst bestimmten, aufzuschreiben. Er tat das unter anderem im sogenannten »Verschimmelungsmanifest« im Jahr 1958. Als eine Art Kernsatz seines Schaffens gilt folgendes Zitat: »Die gerade Linie ist gottlos und unmoralisch.« Und weiter:

»Im Hügelwälderland bilden Natur, Kunst und Schöpfung eine Einheit. Es verwirklicht die wahren Sehnsüchte des Menschen nach Geborgenheit, nach Romantik und Gemeinschaft in Harmonie mit der Natur.«

Thermendorf Blumau – das Hügelwälderland, Steiermark

»Die einzige Linie, die dem Menschen als Ebenbild Gottes nicht entspricht. Die gerade Linie ist die verbotene Frucht, die gerade Linie ist der Fluch unserer Zivilisation. Alles mit ihrer Hilfe Gebaute ist tot geboren.« Sätze, mit denen er provozierte, mit denen sich der Österreicher gegen den Rationalismus wandte – gerade auch bezogen auf die Architektur.

Die Leiterin des Hundertwasserarchivs Andrea Fürst sagt, für sie sei Hundertwassers Ablehnung von geraden Linien aus seiner Biografie heraus »total logisch«. Der Gedanke, wer gerade Linien konstruiere, helfe mit am »Untergang der Menschheit«, sei ja genau das, was Hundertwasser selbst erlebt habe in der Nazidiktatur: »Gerade der Begriff der Menschenmarschkolonnen, das in Reih und Glied« sei etwas Nationalsozialistisches, das er damals erlebt habe, diese Aufmärsche, auch bei der Hitlerjugend habe er das mitmachen müssen, so Fürst. Das Verschimmelungsmanifest sei zwar eine »furchtbare Beschimpfung der modernen Architektur« gewesen. Doch dass Hundertwasser diese Architektur als „die der Konzentrationslager" bezeichnet habe, komme eben nicht von ungefähr.

Der Kopf, das Gesicht einer Frau ist scheinbar Teil der Landschaft. Die Linien, die die Natur zeichnen, ergeben gleichermaßen eine Gestalt. »Mensch und Natur sind eins«

Hundertwasser malt, plant, denkt. Er will die Welt verändern, will sie zu einer besseren machen, will leben im Einklang mit der Natur. Dass das auch in einer Großstadt möglich sein kann, versucht er mit seinen Architekturprojekten zu beweisen, die bis heute jedes Jahr Millionen Menschen besichtigen. Ob Wohnhaus, Kirche oder Müllverbrennungsanlage: Hundertwasser macht seine Kunst und seine Lebensphilosophie damit begehbar. Eine Idee davon bekommt der Besucher gleich im Eingangsbereich des ersten Hundertwasserhauses in Wien: Der Steinboden ist uneben, gleicht einer kleinen Hügellandschaft. Nicht gedacht als Stolperfallen, sondern es ist die aktive Ablehnung gerader Linien und auch ein Verweis auf die Natur, die so perfekt unperfekt, die lieblich und nicht streng, nicht gerade oder rechtwinklig aufgebaut ist. Ganz Ähnliches können Besucher auch rund um die Hundertwasserkirche in Bärnbach in der Steiermark erleben: Wie Wellen schmiegen sich die Pflastersteine an die Kirche.

Hundertwasser ist überzeugt von der »Beseeltheit der Natur«. Und auch wenn er nie aus der katholischen Kirche ausgetreten ist, so hat er sich spirituell im Laufe seines Lebens anders orientiert: Durch seine Reisen nach Nordafrika und Asien lernt er sowohl den Islam als auch fernöstliche Spiritualität kennen. Er versucht in und mit der Natur zu leben – zehn Jahre lang auf einem umgebauten Transportkutter – dem »Regentag«. Und auch wenn er sich wohl gewehrt hätte, einer einzigen – einer bestimmten – Spiritualität zugeordnet zu werden, so kommen Hundertwasserkenner wie Archivarin Andrea Fürst zu dem Schluss, dass der Künstler »Pantheist« war. Das Göttliche und die Natur – für Hundertwasser war das eins.

Irinaland über dem Balkan, Werk 691, Mischtechnik, 1969

Auch im berühmten Hundertwasserhaus – seinem ersten großen Architekturprojekt in Wien – ist die Natur allgegenwärtig. Die Pilgerstätte für Touristen und Fans des wohl populärsten Künstlers im deutschsprachigen Raum liegt mitten in der Großstadt. Wie eine Oase. Bunt, bewachsen, verwinkelt und verspielt. Dazu im Eingangsbereich das Element Wasser, das aus einem Brunnen sprudelt. Das Plätschern ist im ganzen Gebäude zu hören. Die Dächer wurden begrünt – schon bevor der fortschreitende Klimawandel Städteplaner und Architekten dazu motivierte, darüber nachzudenken, wie Betonwüsten zu einem Überlebensraum werden können.

Hundertwasser etablierte in dem Haus in der Wiener Innenstadt, in dem er selbst jahrelang lebte, seine sogenannten Baummieter. Pflanzen und Bäume, die aus den Fenstern, aus den Fassaden wachsen. Ausgedacht hatte er sich diese Baummieter schon zuvor in Mailand. Verbunden mit dem Manifest »Inquilino Albero«, in dem er seine Beweggründe erklärte: »Wir ersticken in unseren Städten an Luftverpestung und Sauerstoffmangel, die Vegetation, die uns leben und atmen lässt, wird systematisch vernichtet. Wir laufen an grauen, sterilen Hausfassaden entlang. Es ist deine Pflicht, der Vegetation mit allen Mitteln zu ihrem Recht zu verhelfen«, so Hundertwasser. Und er formulierte beinahe eine Anleitung – einen Vertrag – mit Blick auf die Rechte und Pflichten des natürlichen Mitbewohners. Die Rechte lassen sich so zusammenfassen: Die Baummieter bewohnen »einen circa einen Quadratmeter großen, loggiaartigen Bereich, der vom Innenraum fachgerecht getrennt ist«, die Fenster seien dafür extra zurückgesetzt, der Besucher könne von innen auf die Baummieter und auch hinausschauen. »Ein Kubikmeter Erde garantiert, dass die Bäume ziemlich groß werden können«, so Hundertwasser.

Hundertwasser schrieb der Beziehung von Mensch und Natur »religiöse Ausmaße« zu, erklärt Martin Stangl. Er hat Hundertwasser selbst noch kennengelernt, führt schon seit Jahrzehnten Besucherinnen und Besucher durch das Hundertwasserhaus in Wien. Teils wird es bewohnt, teils ist es Museum. Vor einem der vielen Werke, auf denen die typischen Hundertwasserspiralen zu sehen sind, bleibt Martin Stangl stehen und erklärt: »Man kann auch eine geometrische Spirale zeichnen, aber alles, was geometrisch ist, ist tot.« Und: So eine »vegetative Spirale mit Ausbuchtungen« sei so ähnlich »wie ein Schnitt durch einen Baum«, nur mit einem Unterschied, dass es keine Kreise sind, die ineinander lägen, sondern dass es eben eine Spirale sei.

Dann zeigt Stangl das Bild »Irinaland über dem Balkan«. Der Kopf, das Gesicht einer Frau ist scheinbar Teil der Landschaft. Die Linien, die die Natur zeichnen, ergeben gleichermaßen eine Gestalt. »Mensch und Natur sind eins«, der Mensch habe »eine Aura – oder umgekehrt«. Denn beseelt, das sei eigentlich alles, was die Natur, nicht der Mensch, hervorgebracht habe. Und so ist es beinahe konsequent, dass Hundertwasser die sogenannten Seelenbäume von Walter Kampmann für seine Werke adaptiert hat.

FOTO: © 2025 HUNDERTWASSER ARCHIV, WIEN

Hundertwasser auf einer Wanderung durch sein Land in Kaurinui, Bay of Island

Die Beseeltheit der Natur, der – wie Hundertwasser sagt – »einzigen schöpferischen übergeordneten Macht«, mündet bei ihm in eine gelebte Verantwortung gegenüber der Schöpfung – und damit in sein umweltpolitisches Engagement. Zahlreiche weitere Manifeste erzählen davon. Sichtbare Zeugnisse sind bis heute die Gebäude, die er entworfen hat. Besonders nachvollziehbar sind diese Gedanken in einem anderen Architekturprojekt des Künstlers: in der Thermenanlage von Blumau in der Steiermark.

Eine Anlage, die ein wenig an die Landschaft der Hobbits, an das Auenland in der »Herr der Ringe«-Trilogie, erinnert. Von Wiesen überdeckte, begehbare Häuser – mit ungewöhnlichen Namen: etwa das Augenschlitzhaus, das Waldhofhaus sowie Hügelwiesenhäuser und Rehrückenhäuser. Das »Hügelwälderland« mit 600 Betten öffnete im Mai 1997. Heute beschreibt die private Hundertwasser-Stiftung die Anlage wie folgt: »Im Hügelwälderland bilden Natur, Kunst und Schöpfung eine Einheit. Es verwirklicht die wahren Sehnsüchte des Menschen nach Geborgenheit, nach Romantik und Gemeinschaft in Harmonie mit der Natur.«

»Wir sind Gast der Natur, was wir der Natur wegnehmen, durch den Hausbau, muss wieder aufs Dach kommen, als Erdschicht für natürlichen Gras- und Baumbewuchs«, mit diesen Worten begleitete Friedensreich Hundertwasser in den 1970er-Jahren eines seiner zahlreichen Bauprojekte in Wien.

In die Zeit fällt auch ein privates Umweltprojekt Hundertwassers auf der Südhalbkugel. Erstmals reist der Künstler 1973 nach Neuseeland, um eine Ausstellung zu eröffnen. Neuseeland – für Hundertwasser ist die beinahe unberührte Natur dort wie das Paradies. In der Bay of Islands kauft er mehrere Grundstücke und verwirklicht dort seinen Traum, sein Land der Natur zurückzugeben und der Natur zu ihrem Recht zu verhelfen. Hundertwasser pflanzt mehr als 100 000 einheimische Bäume, baut Kanäle und Teiche und Pflanzenkläranlagen. Seinen Wohnsitz stattet er schon damals mit Sonnenkollektoren aus.

In seinen letzten 20 Lebensjahren verbringt der Künstler und Ökoaktivist dort viel Zeit. Sein »Paradies« – es sollte ein Ort für immer werden. Am 19. Februar 2000 stirbt Friedensreich Hundertwasser überraschend an Bord eines Kreuzfahrtschiffs. Wenige Tage später wird er auf seinem eigenen Stück Land in Neuseeland beigesetzt: nackt und ohne Sarg – unter einem Tulpenbaum. So, wie er es sich gewünscht hatte: geborgen von einer beseelten Natur. Hundertwassers Vorstellung, so Archivarin Andrea Fürst: »Dass der Baum sich nährt vom Korpus des Verstorbenen. Dass man im Baum weiterlebt.« Es sei sein Wunsch gewesen, in der Natur aufzugehen. ◆

Mein heiliger Ort

Das verwandelte Zimmer

FOTO: GETTY IMAGES/BARBARA NEAL

Von Klaus Hofmeister

Es war ein nüchternes Zimmer im Halbdunkel einer Stuttgarter Klinik. Hätte ich damals ein Foto gemacht, es würde einen seelenlosen Funktionsraum zeigen und nichts von Erhabenheit oder Heiligkeit. Dort erlebte ich als Endzwanziger einen der kostbarsten Momente meines Lebens. Die Verwandlung des Zimmers begann in dem Moment, als sich die Tür öffnete und eine Kinderschwester mitsamt einer Schwesternschülerin den Raum betrat und mir ein kleines Paket in den Arm legte: den knapp eine Stunde alten per Kaiserschnitt entbundenen ersten Sohn.

Ich nahm ihn zu mir mit der typischen übervorsichtigen Unbeholfenheit des ungeübten Vaters, ängstlich besorgt, dem kleinen Bündel nicht weh zu tun, ihn gar fallenzulassen. Als ich den kleinen Wurm einigermaßen sicher in den Händen hielt und mich gesetzt hatte, ließ mich die Kinderschwester mit ihm allein, nur die Schwesternschülerin blieb noch. Sie stand neben mir und war genauso wie ich fasziniert und staunend verloren beim Anblick des kleinen, ruhigen Gesichtchens, das nach den Strapazen der Entbindung in den Schlaf gesunken war. Wir wagten kaum zu atmen, eine heilige Stille breitete sich aus. In meiner Erinnerung hatte die Szene etwas von einer weihnachtlichen Anbetungsstunde. Und die Schwesternschülerin neben mir in ihrem weißen Kittel war der Engel, der über dem Kinde wacht.

Nach einer Weile reckte und rekelte sich der Kleine und öffnete die Augen. Sein Blick begegnete mir mit großer Selbstverständlichkeit und weiser Ruhe. Dann wanderten die Augen ein wenig prüfend im Raum herum und schlossen sich wieder. Der Kleine fiel zurück in den Schlaf – ganz offenbar einverstanden damit, wie sich die Dinge hierzulande, in seiner neuen Welt, darstellten. Es war dann an der Schwesternschülerin, die heilige Stille und unser Erleben mit ihrem tief empfundenen Seufzer zu kommentieren, in einem ungeschützt kindlichen Schwäbisch: »S'isch scho a Wunder«. Ja, das war es. Genau das. Der heilige Ort und der Moment, wo der Himmel mit diesem neuen Leben die Erde berührte. ◆

Klaus Hofmeister ist Redakteur für Kirche und Religion beim Hessischen Rundfunk. Er lebt in Kahl am Main.

Hans im Turm

68 Meter über der Stadt – eine Woche allein mit den Glocken

Von Jona Gebhard

Eigentlich stört es, wenn jemand kommt. Das hatte Hans am Telefon gesagt. Denn er ist zum Schweigen und Alleinsein da. Eine Woche lang. In einem Kirchturm. 395 Stufen über der Stadt. Eine nach der anderen steigt er jetzt hinauf. »Als Eremit musst du langsam gehen. Wenn man zu schnell geht, büßt man es oben«, sagt er. Die Treppe windet sich im Uhrzeigersinn nach oben. Dicker Stein umarmt ihn wie ein Kokon. Sein Ziel ist ein winziges Zimmer im Kirchturm des Linzer Mariendoms in 68 Metern Höhe.

Seit drei Tagen wohnt Hans schon dort. Das Zimmer wurde im Zweiten Weltkrieg eingebaut und als Beobachtungsposten genutzt. Seit 2009 können sich Interessierte dort für eine Woche zurückziehen, im zweithöchsten Kirchturm Österreichs, weit über der Stadt Linz. Vollpension inklusive: Jeden Vormittag steht unten im Mariendom eine Tasche mit Mittag- und Abendessen und einem Frühstück für den nächsten Tag bereit. Das muss dann hochgetragen werden. Außerdem gibt es täglich ein Treffen zu einem Gespräch mit einer spirituellen Begleitung. Mehr als 260 Menschen haben bisher eine Woche Auszeit als Turmeremit in Linz genommen.

Hans ist einer von ihnen.

Inzwischen liegen schon 100 Stufen hinter ihm. Durch die Scharten des Turms glänzen die Dächer von Linz. Als Kind wollte Hans Leuchtturmwächter am Meer werden, erzählt er. Weil er aus dem Kanton Luzern kommt und die Schweiz ein Binnenland ist, wurde er stattdessen Lebensmittelchemiker. Vor ein paar Jahren, bei der Rückfahrt von einem Urlaub in Wien, hatten Hans und seine Frau in Linz Halt gemacht, erinnert er sich. Bei einem Besuch im Mariendom hatten sie die maßstabsgetreu nachgebaute Turmstube entdeckt, Werbung für die Auszeit über den Dächern der Stadt. »Das ist es«, hatte Hans zu seiner Frau gesagt. »Das habe ich ein Leben lang gesucht.«

Er erinnert sich noch genau, wie es war, beim ersten Mal. Als er vor dem Dom stand, nach oben schaute. »Dann bekam ich erst ein mulmiges Gefühl und plötzlich eine Panikattacke. Eine kurze, drei Minuten. Ich dachte, das kann ich nicht machen. Ich hatte Angst, was da oben mit mir passiert.« Doch er traute sich. Mittlerweile ist er schon zum fünften Mal da, um sich für eine Woche in den Turm zurückzuziehen.

Die Steintreppe führt in den Glockenstuhl des Doms. Die Geräusche der Stadt schlüpfen durch die offenen Fensterbögen in den hohen Raum. Baustellenlärm, anfahrende Autos – aber alles schon gedämpft. »Der Aufstieg hat immer so etwas Befreiendes«, sagt Hans. »Weg von der Zivilisation unten. Nach oben zu gehen. Zu sich allein.« Bis hier hoch führt ein Aufzug, den hat Hans aber noch nie genommen. »Das darf man nicht. Es braucht die Anstrengung, das gehört dazu«, sagt er, geht an den Glocken vorbei und tritt auf die erste Stufe einer dünnen Metalltreppe.

Die Treppe endet an einer Tür, Hans schließt auf. Das Zimmer dahinter ist neun Quadratmeter groß. Rechts ein 90-Zentimeter-Bett, daneben ein kleiner Tisch in der Nische zum Fenster. Zwei Bretter an der Wand, darauf ein paar Bücher und ein Dutzend schmaler Buchrücken, auf denen handgeschrieben die Daten der vergangenen Jahre stehen. In diesen Büchern schreiben alle Eremiten fortlaufend Tagebuch. Links ist eine Kochnische mit einer kleinen Platte. Hinter einer weiteren Tür ist noch ein Klo. »Das war's«, sagt Hans. »Das reicht.«

Nichts, das ablenkt, das schätzt Hans an der Kammer. Mit hier hoch hat er zwei Hemden, zwei Hosen, zwei Paar Schuhe und eine Tafel Schweizer Schokolade genommen – und Gedanken an seinen 70. Geburtstag. Der steht im Dezember an und Hans will bis dahin ein paar Fragen geklärt haben. Große, solche übers Leben, sagt Hans. »Ich habe gedacht, hier oben kann ich das irgendwie in Ruhe tun. Aber bisher bin ich überhaupt noch nicht dazu gekommen.« Dabei hat er viel Zeit. Um viertel vor fünf, als die Sonne durch sein Fenster fiel, ist Hans aufgewacht, sagt er. Wieder schlafen gehen will er gegen 23 Uhr. »Das ist ein riesenlanger Tag, um nichts zu tun«, meint Hans. Aber nichts tun stimmt eben nicht. Sein Essen muss er holen und dafür runter und wieder rauf steigen. »Und dann fällt mir ein, dass heute noch Gottesdienst ist.« Runter und rauf. Außerdem will Hans »mal wieder anständig beten«, geistige Literatur lesen, Tagebuch führen, komponieren und dann ist da noch das tägliche Gespräch mit seiner geistlichen Begleiterin. Und abends, wenn der Dom geschlossen ist, steigt Hans gerne noch mal runter, um allein im weiten Kirchenraum Klarinette zu spielen.

FOTOS: PRIVAT

Hans meint, dass er hier in der Stille des Kirchturms Antworten auf seine Fragen finden kann

Neben der Tür zur Eremitage führt eine zweite Tür hinaus auf einen schmalen Rundgang im Freien. Mit wenigen Schritten kann Hans die Turmspitze umrunden. Eine Bö zerzaust die grau melierten Haare und trägt einen Fetzen Baustellenlärm nach oben. Hans beugt sich über die Brüstung und schaut nach unten auf den Domplatz und auf die kleinen Menschen. Eigentlich sei er ein Familienmensch, sagt er, liebe große Feste und wenn seine Enkel um ihn sind. Von hier oben überschaut er den Trubel, dem er sich in dieser Woche ganz bewusst entzieht. »Da unten das Leben, die Sorgen der Menschen, die Probleme und Schwierigkeiten«, sagt er. Er spürt Freude, an all dem nicht teilzunehmen, für ein paar Tage. Aber manchmal schlage das Alleinsein auch in Einsamkeit um: »Vor zwei Tagen hat die Einsamkeit furchtbar genagt«, sagt Hans. Den Geburtstag seines Sohns hat er verpasst, weil er hier oben war. »Da hatte ich unfassbares Heimweh.«

Er hebt seinen Blick rüber zur Donau, dahinter ragen futuristische Klötze, etwas westlich drängeln sich dampfende Schlote von Fabriken. Am Horizont ruhen die Alpen. »Das ist der zweite Raum, mit dem man sich anfreunden muss. Die Enge drinnen und dann die Weite hier draußen«, sagt Hans. »Aber das Wesentliche, das ist der dritte Raum.« Er tippt sich auf die Brust. »Und dieses Hineingehen in mich, das ist wie eine Zwiebel zu schälen. Eigentlich ist alles schon in mir drinnen. Aber ich komm nicht einfach ran. Darum kommt es vor, dass ich hier oben weine, so wie beim Zwiebelschälen. Aber letztendlich, nach dem Durchschreiten der vielen Schichten, komme ich zur wesentlichen Frage: Gibt es für mich einen Gott oder nicht?«

Hans meint, dass er hier – in der Stille des Kirchturms – eine Antwort auf die Frage in der Zwiebel finden kann: »Den göttlichen Ruf kann man erst hören, wenn es still wird. Und die Chance, sich zu melden, sollte man dem lieben Gott schon einmal im Leben einräumen.« Klar, an sich ginge das auch auf einem Berg oder in einem Kloster, sagt Hans, aber er habe eben diese Sehnsucht nach dem Turm, die er stillen musste. Noch vier Tage hat Hans vor sich. Dann ist seine Woche vorbei und er muss die 395 Stufen wieder hinab und unten bleiben. Denn auch das gehört dazu, sagt Hans: mit Ruhe zurückzukehren und ein Teil der Welt zu werden. Aber ein veränderter. ◆

Jona Gebhard arbeitet als freier Journalist in München.

Mega Maha Kumbh Mela

Über 600 Millionen Menschen kamen in Indien zur größten Zeltstadt der Welt

Von Martin Kämpchen

Als Indien Anfang 2025 die Maha Kumbh Mela in Prayagraj feierte, bebte das gesamte Land vor freudiger Anteilnahme. Es hieß, das größte religiöse Fest, das in Indien und überhaupt in der Welt jemals gefeiert wurde, nehme seinen prunkvollen Lauf. Vom 13. Januar bis zum 26. Februar nahmen, so die sehr stolze Schätzung, 650 Millionen Menschen im Ganges, dem heiligen Fluss der Hindus, ein rituelles Bad. Die Astrologen hatten entdeckt, dass in dieser Zeitspanne die Gestirne besonders gnadenvoll kreisen, wie erst in 144 Jahren wieder. Viele Menschen hatte es angespornt, die Gelegenheit nicht zu versäumen, gutes Karma anzuhäufen, sich mit Gangeswasser von ihren Sünden reinzuwaschen und um besondere Anliegen zu bitten. In der mittelgroßen nordindischen Stadt Prayagraj fließen der Ganges und die Yamuna zusammen und ein dritter Fluss, die mythologische Sarasvati, soll sich unterirdisch unsichtbar mit ihnen vereinen. Triveni – die Vereinigung dreier Flüsse –, so heißt er Ort, an dem die heiligen Bäder stattfinden. An diesem Ort entstand die größte Zeltstadt der Welt für die Dauer von ein paar Wochen, eine heilige Stadt auf Zeit, bevor der Fluss die Spuren wieder verschwinden ließ. Bis in zwölf Jahren wieder gefeiert wird.

Welches Land außer Indien könnte solche Massen zusammenbringen? Man hatte 400 Millionen, allenfalls 450 Millionen Pilger erwartet. Schon diese Zahl übersteigt alle megalomanischen Fantasien. 650 Millionen, so will es nun die indische Regierung gezählt haben, das wäre nicht weniger als die Hälfte der Hindubevölkerung. Zum Vergleich: Zur Hadsch nach Mekka kommen jedes Jahr zwischen zwei und drei Millionen Gläubige.

Martin Kämpchen hat fünfzig Jahre als Schriftsteller und Journalist in Indien gelebt, bevor er nach Boppard am Mittelrhein zurückkehrte. Er hat unter anderem Rabindranath Tagore und Ramakrishna aus dem Bengalischen übersetzt.
Lesetipp: »Der Duft des Göttlichen – Indien im Alltag«, Patmos Verlag 2025.

Das heilige Bad ist im Mittelpunkt des Lebens, weil es alle Elemente, auch Luft und Erde, einschließt. Es wird vollendet im Untertauchen des Körpers; das Auftauchen ist wie eine Rückkehr vom Nichtsein zum Sein

Wie kann es geschehen, dass sich eine derart hohe Menschenzahl von einer Handlung angezogen fühlt, die doch, möchte man meinen, alltäglich ist und dem regelmäßigen Hygienebedarf eher zuzurechnen ist als dem sakralen Bereich? Hier muss ich zurückgreifen auf die uranfänglichen Regungen des indischen Volkes, die in ihren heiligen Schriften, den Vedas, bezeugt sind. Das Alltagsleben der Hindus ist keineswegs von weltabgewandter Meditation und sinnenverneinender Askese geprägt. Ganz in Gegenteil: Ich kenne keinen Menschenschlag, der extrovertierter, den Sinnen stärker zugeneigter ist als viele Inder. Dass sie außerdem – oder trotzdem? – ein zutiefst religiöses Empfinden haben, ist kein Widerspruch. Das Volk sehnt sich danach, das Übersinnliche, die Transzendenz und die Symbole des Göttlichen mittels Sinneserfahrungen zu entdecken und darin Bedeutung und Erfüllung zu finden. Konkret: Hindus wollen zunächst und wesentlich ihre Gotteserfahrung in der Natur und durch den Kosmos machen. Ist eine solche Erfahrung einmal verinnerlicht, dann kann sie auch in Symbolen verdichtet werden – in Mythen, in Gottesgestalten und auf Transzendenz hinweisenden Symbolen.

Was ist den menschlichen Sinnen näher als die Elemente: Wasser, Feuer, Luft und Erde. Hindus fügen ein fünftes hinzu, das alle übrigen Elemente enthält: den Raum (äkäsa). Nach der Hindu-Mythologie ist Wasser das ursprüngliche Element, worauf die übrigen drei aufbauen. Wir können an die Genesis denken, in der die »Urwasser« dem Akt der Schöpfung vorausgehen. Ähnlich erzählen die Schriften der Hindus, dass aus dem Wasser das Feuer hervorgegangen sei. Sie zerstören sich nicht, sondern sie sind Polaritäten. Wasser besitzt heilende Kräfte, Reinigung ist seine besondere Aufgabe. »Wasser«, schreibt der Theologe Raimundo Panikkar, »besitzt einen gewissen vermittelnden Charakter. Es ist weder Luft noch Erde, es liegt auf der Erde, aber kommt vom Himmel, es ist lebensspendend, doch kann es auch vernichten.« Wasser nimmt unterschiedliche Formen an – als Regen, als Meer, als Fluss. Weder ist es fest wie die Erde noch ungreifbar wie Luft. Wasser ist »geheimnisvoll«, weil es sich ständig verwandelt. Wasser ist »lebendig«.

Ist es also erstaunlich, dass sich Hindus gern mit dem Element des Wassers verbinden und aus ihm heilende und reinigende Kraft ziehen? Um diesen Sprung vom Wasser als täglichen Gebrauchsgegenstand hin zum »Wasser des Lebens« zu vollziehen, bedarf es einer ursprünglich-kindlichen Begeisterungsfähigkeit, einer unerschöpflichen emotionalen Sehnsucht nach kosmischer Gemeinschaft und den transzendentalen Sphären. >

Das Verlangen nach Transzendenz zeigt sich insbesondere darin, dass die Feiernden ihre persönliche Beziehung zur Gottheit stets kosmisch ausweiten. Wasser und Feuer als Elemente zur seelischen Läuterung, die Sonne als Symbol für das Göttliche – welches größere Ehrfurcht erregende Symbol für das Göttliche könnte es geben! –, das Bad, das, wie eine Taufe, Körper und Geist reinigen soll, dies alles spielt mit hinein, wenn sich Hindus rituell mit der Transzendenz verbinden.

Dieser Sog, immerzu sogar das Sachliche, das bloß Gegebene zu überhöhen, ist bis in die Alltagssprache, bis in die täglichen Verrichtungen spürbar. Es verbindet die schulisch Ungebildeten, die Bauern auf den Feldern und Handwerker in den Dörfern mit den Städtern in ihren Büros. Ein Bad, das Arme wie Wohlhabende in einem heißen Land möglichst jeden Tag nehmen, gerade diese Alltäglichkeit wird in der Sehnsucht der Menschen rasch zu einem »heiligen« Bad. Man besucht den Tempel nur nach einem Bad. Niemand wird die erste Mahlzeit am Mittag einnehmen, bevor nicht die Badezeremonie abgeschlossen ist. Denn Essen ist ein lebenserhaltender Akt und bedarf einer reinigenden Vorbereitung. Nichts befriedigt Hindus, Männer wie Frauen, mehr, als wenn sie in den Dörfern beim Aufgang der Sonne in einem Wasser stehen können und so, mit den Elementen verbunden, den Tag beginnen. Das heilige Bad ist im Mittelpunkt des Lebens, weil es alle Elemente, auch Luft und Erde, einschließt. Es wird vollendet im Untertauchen des Körpers; das Auftauchen ist wie eine Rückkehr vom Nichtsein zum Sein.

Täglich wurden die Flüsse von den Blumen gesäubert, die Pilger dem Wasser geopfert hatten

Eine weitere Dimension fügen Hindus hinzu, wenn sie das Bad zu festgesetzten »günstigen« Zeiten unternehmen. Grundsätzlich sind Sonnenaufgang und -untergang günstig für Pujas (Gottesdienste) und rituelle Bäder. Darüber hinaus aber bestimmen die Astrologen günstige Zeiten entsprechend dem Gang der Gestirne. Während im indischen Alltag Pünktlichkeit eher vernachlässigt wird, ist sie beim Einhalten der rituellen Zeiten unbedingt notwendig. Die Sterne bestimmen, wann eine Puja oder eine Hochzeit stattfindet, damit sie den Menschen besonderen Nutzen bringt. Die indischen Astrologen verfassen jedes Jahr dicke Bücher, in denen Tag für Tag die günstigen und ungünstigen Zeiten notiert sind.

Die Maha Kumbh Mela in Prayagraj entstand aus dieser Lebenshaltung. »Kumbh« ist ein kleines Gefäß, aus dem man rituell und begleitet von Gebeten Wasser in den Fluss gießt. »Mela« ist eine religiöse Versammlung, auch ein Jahrmarkt. Eine Kumbh Mela findet alle drei Jahre statt, und zwar der Reihe nach an vier Pilgerstätten: in Haridwar am oberen Lauf des Ganges, in Prayagraj weiter flussabwärts, in Ujjain am Fluss Shipra und in Nashik am Fluss Godavari. Die beiden letztgenannten Städte liegen etwas südlicher von der Gangesebene. In diesen Städten findet die Kumbh Mela alle zwölf Jahre statt. Unter ihnen genießt Prayagraj eine besondere Bedeutung, weil die Stadt nicht nur am Ufer des Ganges gelegen ist, sondern weil sich dort eben ein zweiter heiliger Fluss mit dem Gangeswasser verbindet: die Yamuna, sowie, wie schon erwähnt, die mythische Sarasvati.

Mein IT-Fachmann in Santiniketan, der wie kein anderer die komplexen Innereien eines Computers versteht, und seine Frau kehrten mit einem glühenden Bericht aus Prayagraj zurück. Sie waren Pilger der ersten Stunde. Er staunte über die weitsichtigen Vorbereitungen der Regierung von Uttar Pradesh, jener Provinz, in der Prayagraj liegt. Kilometerweit Badestufen, Beleuchtung, Überwachungskameras. Täglich wurden die Flüsse von den Blumen gesäubert, die Pilger dem Wasser geopfert hatten. Eine riesige Zeltstadt – kilometerweit Zelte in Reih und Glied geordnet – zur Übernachtung war entstanden. Allerorts wurden kostenlos Mahlzeiten verteilt. Mein Freund sprach auch von der ungewöhnlich rücksichtsvollen, hilfsbereiten Haltung der Pilger, während sonst der Ton in der indischen Öffentlichkeit eher rau ist.

Ausgabe September 2025
Einzelpreis 10 €
www.publik-forum.de/extra

Publik-Forum EXTRA THEMA

Spiritualität und Lebenskunst

Heilige Orte

Gott hat viele Wohnungen

Eugen Drewermann
Die endgültige Geborgenheit

Irene Esmann
Hundertwassers Paradies

Jona Gebhard
Hans im Turm

Inhalt

Rüdiger Sünne
4 Seelenlandschaften
Sie erinnern uns daran, dass wir unauflösbar mit der Heiligkeit der Natur verbunden sind

Antje Dechert
8 Rom stöhnt
Doch es gibt auch in all dem Trubel bewegende spirituelle Momente im Heiligen Jahr

Uwe Birnstein
11 Mein heiliger Ort
Geiselwind

Ahmad Milad Karimi
12 Zieh die Schuhe aus!
Über die Anmut, barfüßig zu glauben

Doris Weber
15 Mein heiliger Ort
Der Mensch!

Uwe Birnstein
16 Was eine Kirche zur Kirche macht
Drei Wege zum Gotteshaus

Lothar Bauerochse
19 Mein heiliger Ort
Die Stille im Trubel der Großstadt

Klaus Hofmeister im Gespräch mit Eugen Drewermann
20 Die endgültige Geborgenheit
Wir sehnen uns nach einem Ort, an dem wir so gesichert sind, als hätten wir das Licht der Welt noch gar nicht erblickt

Matthias Morgenroth
23 Mein heiliger Ort
Der Eingang zur Anderswelt

Irene Esmann
24 Hundertwassers Paradies
Heilig ist für ihn, was ungeordnet und natürlich ist

Klaus Hofmeister
29 Mein heiliger Ort
Das verwandelte Zimmer

Jona Gebhard
30 Hans im Turm
68 Meter über der Stadt – eine Woche allein mit den Glocken

Martin Kämpchen
32 Mega Maha Kumbh Mela
Über 600 Millionen Menschen kamen in Indien zur größten Zeltstadt der Welt

37 Impressum

38 Publik-Forum Shop

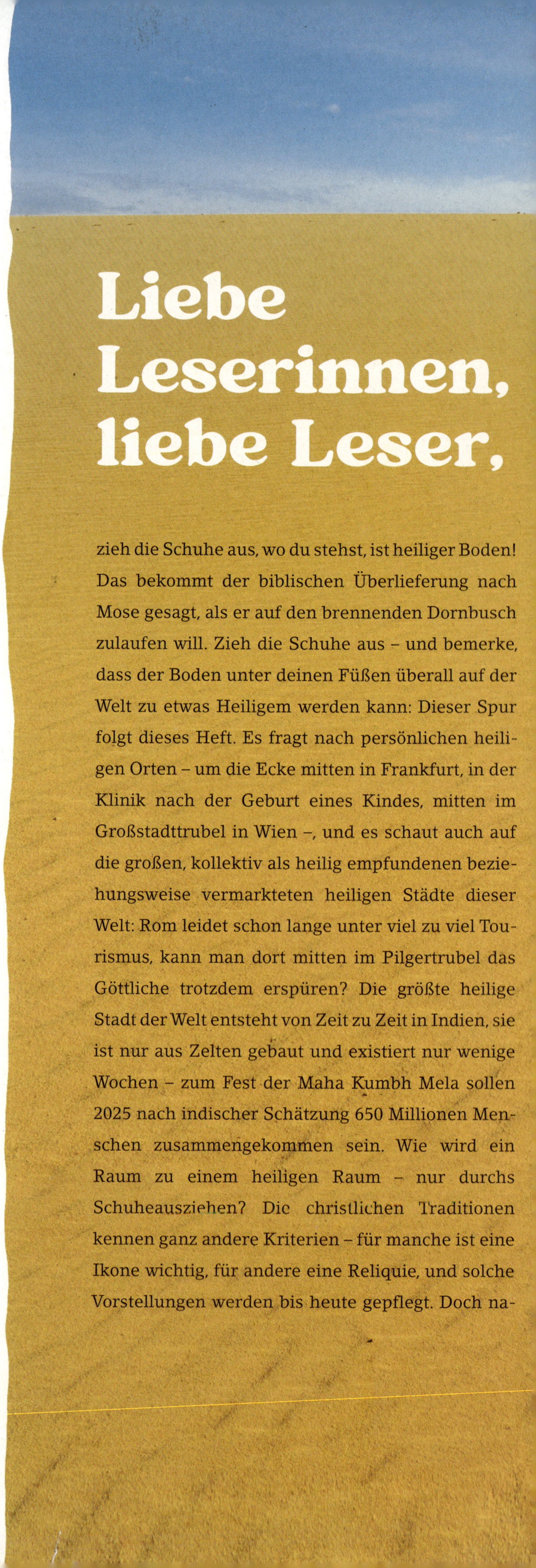

FOTO: SINSEE HO/SHUTTERSTOCK

Liebe Leserinnen, liebe Leser,

zieh die Schuhe aus, wo du stehst, ist heiliger Boden! Das bekommt der biblischen Überlieferung nach Mose gesagt, als er auf den brennenden Dornbusch zulaufen will. Zieh die Schuhe aus – und bemerke, dass der Boden unter deinen Füßen überall auf der Welt zu etwas Heiligem werden kann: Dieser Spur folgt dieses Heft. Es fragt nach persönlichen heiligen Orten – um die Ecke mitten in Frankfurt, in der Klinik nach der Geburt eines Kindes, mitten im Großstadttrubel in Wien –, und es schaut auch auf die großen, kollektiv als heilig empfundenen beziehungsweise vermarkteten heiligen Städte dieser Welt: Rom leidet schon lange unter viel zu viel Tourismus, kann man dort mitten im Pilgertrubel das Göttliche trotzdem erspüren? Die größte heilige Stadt der Welt entsteht von Zeit zu Zeit in Indien, sie ist nur aus Zelten gebaut und existiert nur wenige Wochen – zum Fest der Maha Kumbh Mela sollen 2025 nach indischer Schätzung 650 Millionen Menschen zusammengekommen sein. Wie wird ein Raum zu einem heiligen Raum – nur durchs Schuheausziehen? Die christlichen Traditionen kennen ganz andere Kriterien – für manche ist eine Ikone wichtig, für andere eine Reliquie, und solche Vorstellungen werden bis heute gepflegt. Doch na-

Die Zeitungen und Fernsehkanäle protzten mit Statistiken der Superlative: wie viele Zelte, wie viele Kameras, wie viele Ordnungskräfte im Einsatz waren. Man zeigte malerisch-farbenprächtige Prozessionen der »Mahants«, der Äbte der Mönchsorden und der verschiedenen dogmatischen Schulen des Hinduismus. Sie zogen auf Sänften oder auf den Rücken von Elefanten durch die Menge, wie Maharadschas (Großfürsten) eben. Der Chief Minister von Uttar Pradesh empfand es als seine persönliche Verpflichtung, die ordnungsgemäße Durchführung des Großevents sicherzustellen. Denn die Welt schaute zu.

Ich erlebte die Kumbh Mela aus knapp tausend Kilometern Entfernung, in Westbengalen, mit. Es war tatsächlich ein »Miterleben«. Wochenlang war die Mela Gesprächsstoff in den Teestuben, auf den Märkten, an den Bushaltestellen. Das Land schien zu vibrieren. Heimkehrer erzählten, sie wurden umringt und ausgefragt. Ein Junge der elften Klasse aus meiner Nachbarschaft war kurzerhand zusammen mit seiner Mutter, seiner Schwester und einem Freund aufgebrochen. Von Kalkutta aus dauert die Zugreise eine Nacht, dazu kamen vier Stunden Verspätung. »Hast du noch ein Ticket bekommen?«, fragte ich. Natürlich nicht, weil er gar nicht versucht hatte, eines zu kaufen. Tatsächlich hatte niemand nach Tickets verlangt. Eine Nacht lang stand er eingepfercht zwischen anderen, seine Mutter bekam mit vier oder fünf Frauen ein Plätzchen auf der Bank. Der Junge war, wie alle in Dörfern und Armenvierteln aufgewachsenen Menschen, an körperliche Anstrengungen gewöhnt. Was hatte ihn besonders beeindruckt? – Darauf wusste er keine Antwort. Es war ein Abenteuer, ein Erlebnis der Gemeinschaft gewesen. Der spirituelle Hintergrund seiner Reise ist ihm wohl nur vage bewusst geworden.

Allen Berichten zufolge war die im Volk verhasste VIP-Gesellschaft (die »very important persons«) überall sichtbar. Viele Pilger, die in Autos oder Zügen ankamen, mussten stundenlang in Staus warten, bis sie die Nähe der Badetreppen erreicht hatten, oder sie mussten zwanzig Kilometer, mit Gepäck auf dem Kopf, zu Fuß zurücklegen, während die »very important persons« durch die Menge zum Ufer geschleust wurden. Konkreter war die Kritik am Management. Zwei Panikreaktionen der Menge, die dazu führten, dass dreißig, ein andermal achtzehn Menschen erdrückt wurden, ließen Zweifel an den Fähigkeiten der Organisatoren laut werden. Die Regierung hatte nach den Anfangswochen ein Abflauen der Pilgermassen erwartet. Stattdessen waren sie überraschend angeschwollen. Ebenso konkret war die Kritik der Wasserämter, die Reste von Fäkalien und toxischen Schadstoffen im Wasser entdeckten, die um ein Vielfaches die erlaubte Menge überstiegen. Auch die Anzahl der Pilger wurde heftig diskutiert. Wie kam man auf die Zahl von 650 Millionen? War es ein symbolischer Ausdruck für »grenzenlos« und »unglaublich hoch«? Eine andere Statistik erschreckte mich bis ins Mark. Eine knappe Zeitungsnotiz meldete Tage nach der Maha Kumbh Mela, dass über 900 Kinder in der Riesenmenge ihre Eltern verloren hatten und immer noch darauf warteten, dass sie abgeholt werden. Hat der Ganges, die Göttin, geholfen? Was bleibt im Bewusstsein der Bevölkerung? Gewiss nicht die Kritik. Sondern die Gnadenfülle, die auf sie herabgeschüttet worden sei. ◆

IMPRESSUM

Publik-Forum EXTRA Thema: Heilige Orte
Gott hat viele Wohnungen
© September 2025
Publik-Forum Verlagsgesellschaft mbH
Publik-Forum EXTRA ist ein Angebot der Publik-Forum Verlagsgesellschaft mbH, die von der Leserinitiative Publik-Forum e. V. getragen wird.
Ehren-Herausgeber: Harald Pawlowski (†)
Herausgeber: Dr. Norbert Copray, Prof. Dr. h. c. Cornelia Füllkrug-Weitzel, Beatrice Frei Guélat, Prof. Dr. Klaus von Stosch, Dr. h. c. Wolfgang Thierse, berufen von der Leserinitiative Publik-Forum e. V.
Chefredaktion: Doris Weber (V.i.S.d.P.)
Sekretariat: Natascha Schulze-Moumni
Redaktion dieser Ausgabe: Matthias Morgenroth
Gestaltung und Bildrecherche: Renée Schneider
E-Mail: layout@publik-forum.de
Titelfoto: freepik/wirestock
Rückseite: freepik/mindandi
Postanschrift und Kontaktdaten von Redaktion und Verlag:
Publik-Forum Verlagsgesellschaft mbH
Postfach 2010, D-61410 Oberursel
Tel.: 06171/7003-0, Fax: -40
E-Mail: verlag@publik-forum.de
E-Mail: redaktion@publik-forum.de
Verleger: Publik-Forum Verlagsgesellschaft mbH, gesetzlich vertreten durch den Geschäftsführer Richard Bähr, ladungsfähige Anschrift für Redaktion und Verlag: Krebsmühle, 61440 Oberursel
Handelsregister B 3605 UST DE 11 420 2200
Haftungsausschluss: Die Redaktion übernimmt keine Haftung für unverlangt eingesandte Manuskripte, Fotos und Illustrationen. »Publik-Forum EXTRA Thema« und alle darin enthaltenen Beiträge sind urheberrechtlich geschützt. Mit Ausnahme der gesetzlich zugelassenen Fälle ist eine Verwertung ohne Einwilligung des Verlages strafbar.
Erscheinungstermine der nächsten Publik-Forum EXTRA-Ausgaben: Die nächste Ausgabe von »Publik-Forum EXTRA Leben«, Oktober 2025, erscheint am 25. September 2025. Die nächste Ausgabe von »Publik-Forum EXTRA Thema«, November 2025, erscheint am 30.Oktober 2025.
Anzeigenschluss der nächsten erreichbaren Ausgabe (EXTRA Leben, Oktober 2025): 9. September 2025
Anzeigen: Barbara Wetzel (verantwortlich)
Anzeigenpreise für Publik-Forum EXTRA: 1/1 Seite (4-farbig) 4409 € zzgl. MwSt.
Tel. Anzeigen: 06171/7003-25 (Fax -43)
E-Mail: anzeigen@publik-forum.de
Leserservice: Tel.: 06171/7003-14 (Fax -46)
E-Mail: abo@publik-forum.de
Preis des Einzelheftes:
Publik-Forum EXTRA: 10 €/13 CHF
Publik-Forum EXTRA-Abo monatlich im Halbjahr (6 Ausgaben):
Deutschland: 56,40 €; Schweiz: 72 CHF; Österreich: 64,40 €; übriges EU-Ausland: 72,40 €; andere Nicht EU-Länder: 74,40 €
Stand der Preise 15. 12. 2024
Druck: Bonifatius GmbH, Druck – Buch – Verlag, Karl-Schurz-Str. 26, 33100 Paderborn
Gedruckt auf »Steinbeis Select« (Recyclingpapier aus 100 % Altpapier)

www.blauer-engel.de/uz195
· ressourcenschonend und umweltfreundlich hergestellt
· emissionsarm gedruckt
· überwiegend aus Altpapier
RG 4

Dieses Druckerzeugnis wurde mit dem Blauen Engel gekennzeichnet.

ISBN 978-3-88095-380-2
ISSN 2195-9536, ZKZ 64667

An der Finanzierung der Publik-Forum Verlagsgesellschaft mbH sind die Publik-Forum Beteiligungsgesellschaft mbH und die Leserinitiative Publik-Forum e. V. wirtschaftlich beteiligt.
Dieser Ausgabe liegt eine Beilage von plan international bei.

Publik Forum shop

kritisch • christlich • unabhängig

Alle lieferbaren Titel auf **www.publik-forum.de/shop**

Publik-Forum EXTRA Thema

Heilige Orte. Gott hat viele Wohnungen Best.-Nr. **20073**

Zukunftsmut Es ist klug zu hoffen Best.-Nr. **20072**

Kleine Fluchten Quellen des Glücks Best.-Nr. **20071**

Bereit zum Neubeginn Best.-Nr. **20070**

Aufblühen. Von Menschen und Gärten Best.-Nr. **20069**

Ankommen. Im eigenen Leben heimisch werden Best.-Nr. **15089**

Heil bleiben. In heillosen Zeiten Best.-Nr. **15099**

Stille. Ich lasse meine Seele ruhig werden Best.-Nr. **15097**

Feuer. Wofür brennst Du? Best.-Nr. **15095**

Mut zum Fühlen. Wo Frieden beginnt Best.-Nr. **15093**

Wahrheit und Lüge. Worauf können wir uns verlassen? Best.-Nr. **15091**

Naturverbunden. Ein Blick in den großen Spiegel Best.-Nr. **14441**

Dazugehören. Vom Glück der Gemeinschaft Best.-Nr. **14439**

Alt und glücklich? Noch immer mit dem Leben flirten Best.-Nr. **14437**

Versöhnung. Ohne Vergeben gelingt kein Miteinander Best.-Nr. **14435**

Demut. Ein Ich, das sich nicht aufbläht Best.-Nr. **14433**

Selbstfreundschaft. Sei gut zu dir Best.-Nr. **14431**

Riechen. Die Nase – unsere heimliche Chefin Best.-Nr. **13321**

Herbst. Noch träumen Wald und Wiesen Best.-Nr. **13319**

Segen und Fluch. Das Leben kann schön sein – und grauenvoll Best.-Nr. **13317**

Namen. Du bist gemeint Best.-Nr. **13313**

Corona. Wir geben die Hoffnung nicht aus der Hand Best.-Nr. **13311**

Rat suchen, Rat geben. Das richtige Wort zur richtigen Zeit Best.-Nr. **13249**

Rausch, Trance, Ekstase Reisen in andere Welten der Seele Best.-Nr. **13247**

Kirchen. Orte des Wandels Best.-Nr. **13245**

Digitales Leben. Wie sich unsere Körper und Seelen verändern Best.-Nr. **13243**

Fairness. Grenzen und Freiheit der anderen Best.-Nr. **13221**

Wertschätzung. Ich fühle mich gesehen Best.-Nr. **13217**

Weite. Wo Himmel und Erde sich beühren Best.-Nr. **13215**

Burgen. Diese Mauern, diese Steine, diese Magie Best.-Nr. **13213**

Gelassenheit. Befreit von Furcht und Resignation Best.-Nr. **13201**

Menschenfreunde. Die Weite des Herzens wächst in der Bindung Best.-Nr. **13199**

Reisen. Kommen Sie gut bei sich an Best.-Nr. **13197**

Städte. Suchet der Menschen Bestes Best.-Nr. **13195**

Meine Farben. Des Herzens Flammenglut Best.-Nr. **13193**

Zartheit. Vom Leben sanft geküsst Best.-Nr. **13191**

Wie wir leben wollen. Träume und Visionen über den Tag hinaus Best.-Nr. **13181**

Kleinigkeiten. Lehrmeister der Achtsamkeit Best.-Nr. **13179**

Flüsse. Geliebt und gefürchtet Best.-Nr. **13177**

Wandlungen. Des Lebens Ruf wird niemals enden Best.-Nr. **13175**

Zorn. Feuer in der Seele Best.-Nr. **13173**

Glaubst du? Was dem Leben Sinn gibt Best.-Nr. **13171**

Fürchtet euch nicht! Best.-Nr. **13161**

Steine. Stille Gefährten Best.-Nr. **13159**

Rituale. Was durch den Alltag trägt Best.-Nr. **13157**

Der Himmel. Sehnsucht, Glück und Weite Best.-Nr. **13155**

Menschen auf der Flucht Wer sind sie und wer sind wir? Best.-Nr. **13153**

Ja sagen ... zu dem, was das Leben fordert Best.-Nr. **13151**

Sehnsucht. Himmelsspuren in unserer Seele Best.-Nr. **13141**

Taizé heute. Das kleine Gleichnis für eine versöhnte Welt Best.-Nr. **13139**

Sexualität. Die Farben der Leidenschaft Best.-Nr. **13137**

Die Kraft der Bilder Best.-Nr. **13135**

Die Erde. Unendlich kostbar und verletzlich Best.-Nr. **13133**

Ich selbst. Wie wir werden, wie wir sind. Best.-Nr. **13131**

Erinnern und bewahren. Was dem Leben dient Best.-Nr. **13082**

Meditation. Der Kopf klar, die Seele frei Best.-Nr. **13080**

Schatten. Das geheimnisvolle zweite Ich Best.-Nr. **13078**

Gastfreundschaft. Offene Türen bedeuten berührbare Herzen Best.-Nr. **13076**

Berufung. Den eigenen Weg gehen Best.-Nr. **13072**

Alle guten Gaben. Geschenke des Lebens Best.-Nr. **13053**

Musik. Die Kunst, die zur Seele spricht Best.-Nr. **13051**

Der Wald. Best.-Nr. **13047**

Verzweifeln und hoffen Die Kraft der Verwandlung Best.-Nr. **13045**

Spielen. Den Alltag überlisten Best.-Nr. **13043**

Im Einklang mit der Schöpfung. Wege zur Heilung Best.-Nr. **12987**

Heimat. Alles, was der Mensch zum Leben braucht Best.-Nr. **12986**

Die große Erschöpfung Lebensquellen neu entdecken Best.-Nr. **12985**

Respekt und Anerkennung Best.-Nr. **12984**

Lasst uns feiern. Ein paar Stunden Ewigkeit Best.-Nr. **12983**

Immer ist Anfang. Von der Faszination des Neubeginns Best.-Nr. **12982**

Jörg Zink. Die Weite des Herzens Best.-Nr. **12959**

Intimität und Scham. Vom Verlangen nach geschützten Räumen Best.-Nr. **12958**

Berge. Ganz oben in der Tiefe meiner Seele Best.-Nr. **12957**

Lass uns reden. Leben ist Gespräch Best.-Nr. **12956**

Grenzen. Annehmen, Bewahren, Überwinden Best.-Nr. **12955**

Liebe im Alter Best.-Nr. **12954**

Gefühlsecht. Spüren, was wirklich ist Best.-Nr. **12932**

Gottes Häuser. Wo Glaube zu Hause ist Best.-Nr. **12930**

Erbarmen. Die Melodie des Menschlichen Best.-Nr. **12929**

Übergänge. Körper, Geist und Seele Best.-Nr. **12897**

Geld oder Leben. Du hast es verdient Best.-Nr. **12898**

Mir doch egal. Über Gleichgültigkeit Best.-Nr. **12896**

Die dritte Haut. Wie wir wohnen Best.-Nr. **12869**

Moderne Nomaden. Kein Ort nirgendwo Best.-Nr. **12867**

Vergebung. Best.-Nr. **12841**

Die Nacht. Best.-Nr. **12840**

Wunder ... gibt es immer wieder Best.-Nr. **12835**

Wüste. Ort der Wandlung Best.-Nr. **12818**

Vertrauen. Wurzeln schlagen im Leben Best.-Nr. **12817**

Der Weg hat ein Ziel Pilgerorte der Weltreligionen Best.-Nr. **12765**

Träume. Heilende Bilder der Seele Best.-Nr. **12752**

Glück als Lebenskunst Best.-Nr. **12648**

Liebe. So rätselhaft und unbezwingbar Best.-Nr. **12346**

Fasziniert und begeistert Verzaubert vom Unbekannten Best.-Nr. **12590**

Barmherzigkeit Gottes Herz gibt keine Ruhe Best.-Nr. **12181**

Schönheit. Best.-Nr. **12479**

Frömmigkeit. Lasst den Schrei des Lebens nicht verstummen Best.-Nr. **12081**

Jedes EXTRA hat 40 Seiten im Großformat und kostet 10 €/13 CHF. Ein EXTRA, von dem mindestens 5 Exemplare bestellt werden, kostet pro Exemplar 9 €/12 CHF. Ein EXTRA, von dem 10 Exemplare und mehr bestellt werden, kostet pro Exemplar 8 €/11 CHF.

Bestellcoupon

Bei Preisänderungen und Irrtümern gilt der gebundene Ladenpreis.

Anzahl	Bestellnummer	Preis

Bei einem Bestellwert unter € 30,- zzgl. Versandkostenanteil von € 3,- (gilt für D, CH, A; bei anderen Ländern werden die tatsächlichen Portokosten berechnet) **€ 3,00**

Kundennummer

Name

Vorname

Straße

PLZ, Ort

Telefon

E-Mail-Adresse

Wir schicken in jedem Fall eine Rechnung. Falls uns bereits ein SEPA-Lastschriftmandat fürs Abo vorliegt, buchen wir den Rechnungsbetrag ab (gegebenenfalls streichen).

Datum, Unterschrift 7257

Faxen oder senden an:
Publik-Forum, Postfach 2010, 61410 Oberursel
Tel.: 06171/700310; Fax: 06171/700346
E-Mail: shop@publik-forum.de
Internet: www.publik-forum.de/shop